生命樹

Health is the greatest gift, contentment the greatest wealth.
~Gautama Buddha

健康是最大的利益，知足是最好的財富。 ——佛陀

和我愛的人修補關係，還有我自己

Making Great Relationships

Simple Practices for Solving Conflicts, Building Cooperation, and Fostering Love

柏克萊心理學家教你，不再為關係煩惱的50個練習

瑞克．韓森 Rick Hanson, PhD ——— 著　　何玉方 ——— 譯

獻給

我所有的朋友和同事，

曾經與我共事過的每一位，

所有教導啟發過我的人，

以及世上任何一位慈悲的人。

各界讚譽

確實，用溫暖的心回應世界，就是主動改造自己的生命故事。還有，原諒使你更強大，因為你掙脫了過往的牢籠，活出了愛的力量。

——洪培芸，臨床心理師、作家

我們的人際關係比以往任何時候都更重要，但也可能充滿衝突、尷尬的沉默，或是錯失了一些機會。即使對方沒有改變，瑞克．韓森也會向你展示如何擺脫雙輸的爭執，並尊重自己的需求，感到心境平和。這是一本有內容、實用且恰逢其時的好書。

——蘿蕊．葛利布（Lori Gottlieb），著有《也許你該找人聊聊》（*Maybe You Should Talk To Someone*）

瑞克．韓森具有消除紛擾和混亂的功力，提供實用、有效的策略和可行的智慧，立刻改善你的人際關係。

——瑪莉．佛萊奧（Marie Forleo），著有《凡事皆有出路》（*Everything Is Figureoutable*，《紐約時報》暢銷書第1名）

瑞克．韓森為我們提供了寶貴的實用智慧、指引和啟發，全書充滿他多年來的深刻體悟，猶如那些被遺忘的老朋友或慈愛祖父母的聲音。我極力推薦這本書給任何希望改善自己人際關係的人。

——奧朗．傑．舒佛（Oren Jay Sofer），著有《正念溝通》（*Say What You Mean*）

你的人際關係中自然而然的愛與活力，可以繼續以令人滿足的方式深度發展，瑞克．韓森這位作家、心理學家、睿智且有愛心的人，提供了一個令人讚歎的指南，強大且實用的練習，將為你的人際關係注入新生機。

——塔拉．布萊克（Tara Brach），著有《全然慈悲這樣的我》（*Radical Compassion*）

你可曾納悶自己與他人的溝通為何總是出錯？本書是一本絕佳的指南，可以幫助我們了解如何充分表達和傾聽。瑞克．韓森在每一章節中都提供了個人的經驗和見解，可以單篇閱讀，或是整體融會貫通。讀者可以像佛陀所建議的，各取所需，取其精髓，然而本書實在太多菁華了，你可能一點都無法捨棄！

——雪倫．薩爾茲堡（Sharon Salzberg），著有《真正的改變》（*Real Change*，暫譯）

本書以優雅、幽默和仁慈的筆觸書寫，是瑞克．韓森在心理健康領域工作五十年的顛峰之作……它是崇高自我的實現指南，閱讀它，你的生活和人際關係將會轉變。

——泰倫斯．里奧（Terrence Real, LICSW），著有《我們：超越你我，建立更有愛的關係》（*Us: Getting Past You and Me to Build a More Loving Relationship*，暫譯）

每個人無時無刻都「處於」人際關係之中。但大部分的人都不知道該如何「處理」，因此往往並不自覺。瑞克．韓森是一位大腦科學研究的專家，如今以同樣深入淺出的風格闡述人際關係，任何閱讀本書的人都會察覺受到大師的引領。如果你想要擁有「美好的」人際關係，不妨相信作者提供的多種練習可能帶來的效益。

——哈威爾．亨利克斯（Harville Hendrix, PhD）和海倫．拉凱利．杭特（Helen LaKelly Hunt, PhD），合著《讓婚姻變得簡單》（*Making Marriage Simple*，暫譯）

這些充滿愛和對人類深切關懷的短文，蘊含著簡單而有力的訊息，可以幫助我們的生活從內到外都過得很豐富。

——丹尼爾．席格（Daniel J. Siegel），《紐約時報》暢銷書作家

這本精彩的新書提供了基於科學的方法，幫助你在人際關係中茁壯成長。瑞克．韓森提供了非常實用的指導，教你如何善待自己、培養善良、更巧妙地與人溝通，使你在各種人際關係中得到自己真正想要的。

——納特和凱莉．克萊普（Nate and Kaley Klemp），著有《80／80婚姻》（*The 80/80 Marriage*，暫譯）

目錄

和我愛的人修補關係，還有我自己

Part Two ● 我們都需要溫暖的心

Part Three ● 與每個人和平相處

Part Four ● 為自己挺身而出

Part Five ● 說話的智慧

前言

與人們的互動，牽動著我們生命中大多數的喜怒哀樂。你我都渴望擁有健康、充實的人際關係，然而，怎麼樣才能真正擁有這樣的幸福，在家庭、工作、朋友和親戚之間，與你喜歡的人——甚至一些不喜歡的人——好好相處？我們都希望對方能對我們更好，彼此的關係更深厚，我們也希望相處都是和平融洽的，衝突能夠妥善處理，誤會也可以很快消解，並且，可以很放心地付出我們心中的愛……這些真的可以做到嗎？

我們難免都有對人際關係深感困擾的時候，有時甚至覺得陷入絕境，也許是一位難相處的同事或令人沮喪的室友，也許是共同撫養孩子卻未善盡職責的另一半，或疏遠的親戚、愛吹毛求疵的老闆，又或者是與你漸行漸遠的配偶，都可能令人對人生覺得毫無希望。

但好消息是：無數的科學研究證明，**美好的人際關係不是自然發生，而是需要經營的**，正因為事在人為，才給了我們空間和能力去改善人際關係。

我曾經聽過一個故事：

有一位長者被問及她這麼快樂和睿智，這麼受眾人愛戴和尊敬，究竟是怎麼辦到的？她回答道：「因為我知道我內心深處有兩匹狼，一匹是愛之狼，一匹是恨之狼，而一切取決於我每天餵養哪一匹狼。」

你可能也聽過類似的故事，原來心中的愛或恨，可以由自己決定要滋養哪一個，實在令人覺得充滿希望！每天透過自己的所思所言，逐漸在內心建立起自我價值感、慈悲心和自信心，與人相處時似乎也能變得更自在、更有耐心和更有收穫。

我身為一名心理學家、丈夫和父親，曾經是個害羞笨拙的孩子，成年後也曾在某些人際關係中掙扎過，我深深了解導致人際關係惡化的原因，也學會了該如何來改善關係。這本書將向你展示五十種簡單卻強大的方法，讓你可以在各種情況下有效地與他人溝通、為自己發聲、表達內心的深切感受、避免陷入雙輸的爭吵、說出（並得到）你想要的、必要時調整關係、原諒他人和自己、凡事不會太放在心上、感受真正的愛等等。這是我多年來汲取的經驗，包含了一切我想傳達的概念，給任何渴望知道如何培養良好的、甚至是完美關係的人。

改變周圍的世界通常需要很長的時間，而改變自己的內在卻是快多了。你可以採取一些自

己就能辦到的簡單行動，來治癒曾經的傷痛，在現有的關係中找到支持的力量和幸福，甚至讓彼此感情加溫。我在各短篇章節中探討如何與身邊的人好好相處，涵蓋了很多領域，有時我會直言不諱，提供我數十年來身為伴侶和家庭心理治療師從實際狀況中汲取的經驗，這些是任何人際關係的基礎，可應用於各種不同的情境中。本書的撰寫是根據我個人的背景，我是白人、專業人士、年長男性，難免會忽略一些重要的觀點和議題，但你依舊可以從書中的建議根據自身的需求和情況自行調整。

本書在第一和第二部告訴你應該要對自己更好一些，並帶你培養溫暖的心來對待自己和周圍的人。第三和第四部則是著重於如何處理衝突和應付難搞的人。第五部詳細探討了有效溝通的技巧，包括在關係緊張時的因應之道。第六部則是將人際關係範圍擴展至我們的社區、所有的生命，以及美好的世界。

每一個練習都是獨立完整的。雖然這些篇章互有關聯，但是你也可以直接跳到目前對你個人最實用的部分。我偶爾會提到一些心理方面的研究結果，你可以在我的其他著作《大腦快樂工程》（*Hardwiring Happiness*）和《心福潛能》（*Neurodharma*）以及我的官網輕易找到相關的參考資料，在本書中或許會讓你有更深入的體會。很多重要主題在本書中雖未提及，如財務、性、子女教養、網路霸凌、職場騷擾，或是可能受到性別歧視、種族歧視，以及其他各種偏見影響的人際關係，但你依然可以透過五十個練習處理好各種人際互動，書中提到的例子或練習是不分性別的。

每一天都給了我們學習、和解和成長的機會，只是需要自己不斷地嘗試改變。有些章節你可以當作是理想目標，例如表達自己內心的需求渴望（練習43）或是不求回報為別人付出（練習24）。最重要的是你一直朝著正面的方向前進，**不必要求絕對的完美**。

在這些章節中，你會發現許多可以具體練習的方法，不管是在自己內心，或外在與他人互動，都可以實踐。有些看起來簡單明瞭，而有些則需要付出更多的努力，不斷地摸索。若是你能在隻字片語中找到對你有益的建議，那便值得了。

你可以獨自閱讀本書，或是和其他人一起分享以改善彼此的關係。這本書不是治療書籍，也不能取代專業的身心健康療法，但能陪伴你前進。

我試著以和朋友閒談的方式寫作，探討人際關係的重要議題，裡面提及的觀念和技巧，對你的生活都是立即有用的。我希望你的閱讀獲益良多，並將所學的一切運用到實際生活中，那麼不僅自己感覺幸福，周圍的每一個人也都同樣幸福。

Part One

對自己更好一些

練習 ● 01

珍惜自己，生命才有意義

幾年前，我和朋友諾曼去優勝美地國家公園的錦繡穹頂（Fairview Dome）路線攀岩。我完成了一段陡坡，在一處突出的岩崖固定錨點，拴好保護繩索協助諾曼爬上來。他突然失去平衡向後滑落，雙臂大張，露出一臉驚恐的表情。他的重量把我往下拉，所幸錨點牢固，我成功阻止他墜落。他抬起頭傻笑，重新將雙手插入岩縫，繼續向上攀爬。

他知道我不會讓他跌落，而我也知道換做是他，他也會這麼做的。我們對彼此都很信任，雖然平時的表現方式不像攀岩當時那麼戲劇性。我們時刻關心生活中可能有的壓力或危機，專注傾聽對方，欣賞對方的成功，撫慰對方的失敗。我們相互關心，照顧彼此。

大多數人都會對某些人由衷信任，然而，又有多少人可以用同樣的真誠來對待自己呢？你為自己付出的真心，一如你給予好夥伴的鼓勵、支持和尊重嗎？

根據我的經驗，很多人都很難真心看重自己，至少在某些方面是如此。也許他們可以在工作上維護自己的權益，但在私底下，卻感覺好像無權站在自己這邊。身為一名心理治療師，我經常會遇到一些相當不快樂的人，只要想想他們的生活經歷和目前的人際關係，便不難理解他們為什麼不快樂。他們會刻意淡化或忽視自己的感受，好像為自己著想很尷尬或錯誤似的。他們無視自己的痛苦，表面上知道自己應該怎麼做，但在內心深處卻沒有動力真的做到。我告訴他們，想要向前邁進，改變現在不快樂的自己，就要克服長久以來忽視自己需求的習慣。

為什麼你看得到別人好的一面，卻看不到自己的？要知道，你是貼心又給力的好夥伴，不妨為自己留一點掌聲，**你值得像珍惜別人那樣珍惜自己！**當你懂得傾聽自己的內心，就像點燃一顆火種，任何事你都辦得到。當你珍視自己時，正如詩人瑪麗．奧利弗（Mary Oliver）所言，你那「野性而珍貴的生命」（your one wild and precious life）就會變得更有意義。

珍惜自己並不代表自私自利。當你傾聽自己的內心，才知道自己需要什麼，也就會知道必須付出才能得到。為了讓好事在你們之間發酵，你也會把對方的需求放在心中。用心看待自己時，你的眼睛是雪亮而非盲目的，你會了解下次哪些地方可以做得更好。或許可以借用鈴木俊隆大師＊給禪修學生的話：「你現在已經很完美了……但也可以有一點小小的改進。」用心珍惜自己，把自己擺在制高點，就能將視野放遠，看清事情的全貌，一些無意義的紛爭也彷彿都可以放下了。

有人重視你的時候，那種感覺真的很好，而當你珍惜自己時，也會有同樣的感覺。想像一下，如果你始終珍視自己內心真正的需求，發生衝突時給予自己情感支持，看重自己的生命價值，那麼你與他人之間的關係將會發生什麼正向轉變呢？

發現深藏心底的感覺，練習珍惜自己

你一定還記得，當你珍惜一個人的時候，那是怎樣的感覺？你會是他們最堅定的戰友，發自內心支持他們的一切，同時，你也會察覺到他們脆弱的那面，和可貴的地方。

然後將這種態度應用到自己身上。你可以想像自己和另一個人坐在你面前，先對別人說，接著對自己說：我珍惜你的一切……我會為你挺身而出……我會考慮什麼才是對你最好的選擇……你的人生真的很重要……你在說這些話時是什麼感覺？是不是有些話對別人說起來容易，對自己說卻很難呢？

接下來，試著大聲說出這些話，注意那種感受：我不是反對別人，只是為了保護自己……我的需求和想法很重要……我決心做對自己有益的事情，即使這令我感到害怕……。你也可以針對特定問題做出具體的表達，例如：我要在工作中捍衛自己的立場……在這個家裡我的需求和想法很重要……我要和我的朋友談談那次的爭論，即使這令我感到害怕……。仔細聆聽自己的直覺，了解哪些事可能會引發你的共鳴，並對自己說出這些重要的話。

當質疑自己不配時，釐清為什麼會有這個念頭

在進行這項練習時，你正在探索自己的心靈深處。請特別注意你內心發現的任何疑慮，任何覺得無權站在自己這一邊，或是自己不配得到那種支持的感覺。這些感覺都是一種阻礙，阻礙你重視自己的內心，特別是以下這些情況發生時：

- 認為這麼做好像「不合規矩」，是自私、不公平、錯誤的。
- 羞愧感，感覺自己不配得到善意和支持，包括對自己。
- 感到無力改變現況、絕望又無助：「既然不會成功，又何必費心呢？」
- 對自己的某些部分抱持輕視、漠不關心，甚至是殘忍的態度。

你可能會好奇自己為什麼會有這些想法，但是不要將那些情況視為理所當然。可以從你的成長經歷或他人對待你的方式，來釐清這些阻礙的源頭。人們是群居動物，就算其他人對待我們的方式不合理，我們也很容易以為本來就應該如此，尤其是在童年時期。

當你又開始質疑自己、覺得自己不配得到關愛時，可以問自己：這是事實嗎？那種事經常發生嗎？如果我珍惜別人，別人也珍惜我，那麼我珍惜自己又有什麼不對？你必須認知到這個事實，例如：我當時無法阻止學校那個惡霸，但如今我不再無助可欺，能夠捍衛自己了……他的所作所為是他自己丟臉，跟我無關，我並不是一個有缺陷、污穢或不值得被愛的人。

想清楚之後，你將掙脫束縛，不再以為自己不配被珍惜。這些念頭或許仍「存在著」，但對你已不再有任何影響力。

珍惜自己的心，需要你靠自己的力量

回想你曾經為了自己而堅強的那個瞬間，也許是某個糟糕的情況，你發揮了怎樣的內心力量幫助你堅強面對？你的眼神、臉上的表情是什麼？現在，試著再次感受當時那股力量，能越來越鞏固你珍惜自己的心，也越來越能向你在意的人說出心中的感受。

細細體會當你珍惜自己時，身體會有怎樣的感受，你會發現生命有不一樣的意義，好好享受，並深植心底吧！你可以對自己許下神聖的承諾，說你不會讓自己失望，永遠都對自己有信心，不會自視甚高，也不會看輕自己。你會尊重自己，在漫長的人生道路上的每一步都站在自己這一邊，對自己更好一些。

* 編按：鈴木俊隆（一九〇五—一九七一），日本禪師，法號祥岳俊隆，將禪宗思想介紹到西方，是美國很有影響力的禪宗大師。

練習 02 當生活不順時：面對、放下、接納

生活有壓力是正常的，感到煩躁、受傷、擔憂也很正常。童年時期對往後的人生會投下長期的陰影，曾經的損失和傷痛也會影響到今日的我們。人生就像一段顛簸的旅程，一路上的風景不全是美好，有些人可能很冷漠、令人失望或充滿敵意，有時甚至更糟。

我們對這些糟糕的事情，身心不自覺會給出一些反應，這些反應強化了大腦的負面偏見，使得負面經驗就像魔鬼氈一樣緊緊黏在心底，而正面經驗卻像不沾鍋似的不易黏附。

此時該怎麼辦呢？

你可以選擇不採取任何行動，任由情緒將你淹沒。我也曾經陷入這種境地，甚至不只一次。有時我對某個人感到極度憤怒，而用可怕的言語抨擊對方；有時受傷太深，導致我整個人沒有任何動力去做其他事。或許，你還會花很多時間擔心、不斷回想你們的對話，或抱怨甚至憎恨

對方。久而久之，你變得焦慮、易怒或沮喪，就像被困在自己的念頭中無法自拔。

你不想變得這樣，還能怎麼辦？還有另一種選擇，讓你不任意放縱你的思緒、感受、欲望和行動，只要好好練習，你也可以與壞心情保持距離，混亂的思緒無法主宰你，你可以慢慢修整你的情緒。

我在一個充滿愛和溫暖的家庭中成長，但是，在我離家去上大學時，我仍然感到非常不快樂，對人生也充滿困惑，因此我需要大量練習指引我面對不順遂的生活！多年來，我受惠於臨床心理學、禪修智慧和大腦科學等領域，我學到可以透過三種方式進行心靈修整：接受當下發生的事，不去想有害和痛苦的那部分，美好和愉悅的體驗則可以加進心裡。**你的心靈就像是一座花園，你可以時時觀察這座心靈花園，為它除草，使花朵綻放**。當你面對情緒風暴覺得束手無策時，請記住：面對（let be）、放下（let go）、接納（let in）。

練習修整你的心靈花園，讓美麗花朵盛開

壞事發生時，面對（let be）

首先，你可以**面對當下發生的事**，保持開放的態度觀察它，抱持著接納和友善的態度，就像是坐在第二十排座位觀看自己的內心電影，而不是受困在螢幕裡。當你接受它的存在時，你的想法可能會開始轉變，例如，心緒煩亂的感覺漸漸消失，而你不必試圖介入干涉。

假設有人批評了你。你可以從分析自己的各種反應開始，也許在心裡默默說給自己聽，例如：我感到震驚、惱怒……他們怎麼能這麼說，太不公平了！……我覺得心痛，想要反擊等等。研究證明，在意識中一一標示這些混亂的思緒，有助平息大腦杏仁核引發的「警鈴」。

當你能夠面對，可能會注意到這次事件的不同面向，例如生理方面胃部緊縮的感覺，或是心理方面想著為什麼你是對的而他們是錯的。又或者是在憤怒表面的反應之下，你也可以留意是否有更脆弱的感覺，例如悲傷，或許你悲傷的感覺源自年幼時內心深處受到的傷害。你或許也會明白，過去的創傷對你造成了什麼影響，也可能是當前財務困境或長久的偏見和不公等因素，而影響了你對這件事的感覺。

面對當下發生的事，是修整心靈的一切基礎，有時候，你當下唯一能做的也就是面對而已。也許這次經歷帶給你巨大的震撼，或是每當想起逝去的摯愛，你便陷入深切的悲痛和哀傷，然而隨著你療癒了自己，你也越來越能泰然自若，平靜地面對一切。

面對當下發生的事並不是唯一的途徑，有時候我們需要採取積極行動才能有所改變。痛苦或壞的想法、感覺、習慣和欲望都是源自大腦神經結構和發展，通常需要積極努力才能產生改變。任何你希望心靈可以增強的東西，像是自我價值感、平靜和幸福感，都需要透過**刻意努力**，在大腦中產生特定的物理變化來增強。

就像鳥兒需要一雙翅膀，心靈修習也同時需要**面對**與**行動**這對翅膀，才能飛翔。

當你痛苦難過時，放下（let go）

假設你發生了某件壞事，可能很短暫、只是幾分鐘、甚至幾天，而現在覺得可以開始好好處理了；也許你正被痛苦的事淹沒，用哭泣來排解內心痛苦，而現在你需要暫時擺脫它；或者，也許是一件藏在內心的事觸動了你，才引得你落淚，你不想進一步探索……因此，你開始轉變心態，不再抗拒內心的想法和感受，而是慢慢地放下執念。

例如，若有人批評你，你可以：

- 有意識地放鬆繃緊的腹部，深呼吸，按摩肚子。
- 挑戰自己的一些想法，或許可以問自己這一類的問題：關於這些批評，哪些並不是事實，所以我不必在意？哪些很有道理，對我會有幫助？對於那些說我很笨、是個失敗者、或不值得人愛的想法，我會說：「你們錯了！從各方面來看，我其實很聰明、成功，而且絕對值得被愛！」
- 感受你的情緒向外流動和消散，嘗試適當地宣洩（目的是釋放，而不是讓自己更激動），例如，寫一封給自己看的信，或是大哭一場。想像一下傷害或憤怒這一類的負面情緒，隨著每一次的宣洩而消失。
- 認清任何可能對自己或別人不利的念頭或計畫，例如，讓你日後會後悔的過度反應。告訴自己這樣做不好的原因。

・不再執著於過去，轉而關注現在。你的情緒就像手中緊握著的石頭，將手掌打開，石頭便能放下。

你不需要做所有的練習才能放下苦痛！其中任何一件都是有益的，你自然會探索出最適合的方法，知道什麼能讓你感到心靈釋放、輕鬆自在、沒有雜念。

接納（let in）新事物，種下美麗的花

然後，你開始關心那些有用和令人愉悅的事物，也就是說，你正在為曾經雜草叢生的心靈花園種下美麗的花朵。

例如，若是你受到批評，不妨這麼做：

・如果你為了保護自己而彎腰，不妨稍微挺直身體。
・對自己說幾句「智慧小語」，例如：每個人都會犯錯，這不是世界末日……我每天都能做很多對的事情……我真的是出於善意！——不斷重複這些話，讓自己產生正向信念。
・溫和地喚起正面的感受，尤其是當你被批評時，更需要這些正面感受來緩解。被人批評會讓你覺得受輕視和被拒絕，那就回想與欣賞你、重視你的人在一起時的感覺。
・想一想自己未來的發展方向和計畫，並找出支持自己的方法。或許可以從批評中學到一些

好的教訓——可能包括遠離那些對你不好的人。

當你敞開心扉接受新事物時，不妨停留在當下的這個時刻，集中注意力，深呼吸，感受身體的感覺，體驗此時帶給你的愉悅及意義，你的腦海中也能留下深刻印象。

如果大腦神經系統沒有產生這些變化，雖然當下可能感覺良好，但事後卻無法從中學習，沒有得到療癒，沒有增強技能、韌性或幸福感。要知道，細細感受這美好的一刻，你除了能回味當下的感受，還可以**從中成長**。

修整心靈花園，是一種療癒和成長

在面對一些令人感到壓力或痛苦的事情時，你或許已經從上面的練習學會了面對、放下，然後接納。但如果情況特別令你沮喪，喚起你舊有的創傷，這時就專心去找出被愛的感覺吧！被愛的感覺可以支撐你面對痛苦，你知道有人與你同在，你知道總是有人在背後支持你、鼓勵你，你將更有力量。

當你開始修整自己的心靈花園時，會發現許多關於自己有趣又實用的事。你會變得更加輕鬆自在，與他人相處得更好，更能在衝突中保持冷靜，從挫折中恢復過來。即使在需要捍衛自己時，也更容易保持開放的心態。過去發生的事對你不會造成太大的影響，面對這個不完美世界的壓力和不公，你也可以一笑而過。當你學會掌握自己的思緒時，當你能夠面對、放下、接納時，你將能在適當的時候傳授別人也這麼做。

心靈的修整通常需要長時間一步一步的積累，即使在非常艱難的情況下，也完全可行。事實上，一個人的生活越是糟糕，就越有修整的價值，**即使外在世界一團混亂，你還是可以每天自我療癒和成長**。透過每次的深呼吸和神經元的連結，你的大腦神經系統就會逐漸發展出堅韌的身心健康狀態。

練習 03

感受內在安定的力量，一切都很好

當我回顧自己四十年的婚姻、撫養兩個孩子的歷程，以及與朋友、家人、同事和其他人的各種互動時，我發現大多數令我痛苦的衝突和錯誤，都是在我感到壓力和煩亂的時候發生的。

你呢？是不是也覺得如此？

若我們覺得自己的重要需求沒有得到滿足，就會有壓力，也會不安。人類的天性對生活都有基本渴望，那就是**安全**、**滿足**和**情感連結**。當這些需求得到滿足時，身心自然會覺得安定，能夠自我修復和補充能量，心裡也會覺得很平靜、美好，這是一種健康狀態，我稱之為綠色平和狀態。處於平和狀態時，就算身體不舒服或情緒低落，你也能欣然接受，而不會任由這些不適的感覺控制或支配你。你能夠有自信自在地表達自己，而不會什麼都不敢講，或是隨時想找人吵架。

相反地，當你重要的需求沒有得到滿足時，你的身體就會產生抗拒、逃避或僵硬等壓力反應，你的心理可能會出現下列感受：

- 恐懼、憤怒或無助（當你感覺身體或心理都不安定時）
- 挫敗、失望、無聊、衝動或成癮（當你感覺得不到滿足時）
- 傷痛、羞愧、自卑、嫉妒、怨恨或敵意（當你感覺與他人缺乏正面情感聯繫時）

這屬於紅色警戒狀態。有時候警戒狀態很微妙，例如，因為和某個同事的不良互動，而使得你一直覺得很煩躁；有時候又很強烈，像是與伴侶爭吵的時候。一再重複警戒狀態，儘管情況看似輕微，也會耗損你的身心健康。美國公共衛生署總署長維偉克．莫西（Vivek Murthy）指出，長期孤獨會縮短人的平均壽命，相當於每天吸半包香菸的人。

練習讓心靈處於平和狀態，避免陷入紅色警戒

想讓自己多停留在平和狀態，減少陷入警戒狀態，方法很簡單：

- 開發和運用心理潛能，如毅力、自我價值和人際交往能力，以便更有效地滿足自己的需求，

而不必陷入負面的情緒中。

- 若感覺到當前的需求已經得到相當的滿足時——例如，也許一段關係並不完美，但你仍然感受得到親密和關愛——不妨靜下心來，讓這種體驗深深地融入自己，漸漸地，你會培養出一種潛在的平靜、滿足和愛的感覺。

當你學會感受內在的安定力量，很快地，你也可以培養出與人和平相處的能力，擁有美好的人際關係。

集中思緒深呼吸，釋放緊張感

周圍的人們有時候就像風，時而溫暖又和煦，時而冷酷又狂暴。如果你像一棵強壯的樹，擁有深厚的根基，就能承受最強烈的風暴而不被吹倒。人體中的副交感神經系統會促進這種平靜和專注的感覺。試著**連續深呼吸幾次，慢慢地吐氣**，注意身體的感覺，此時你正在體驗副交感神經系統，因為它與呼氣和減緩心跳有關。你可以檢視自己的身體，有系統地釋放不同部位的緊張感，同樣也啟動了副交感神經系統。研究表明，**重複這樣的放鬆反應練習**，是一種非常好的習慣，甚至會改變大腦迴路，使你更堅強。

如果你開始陷入壓力警戒狀態，不妨試著做幾次深呼吸，增強副交感神經系統的活動，以減緩人體在壓力之下被激活的交感神經系統。這兩個自主神經系統的分支就像蹺蹺板一樣擺盪著：當一個上升時，就會促使另一個下降。

當你深呼吸時，關注身體內部的變化，空氣的流入和流出，以及肺部的擴張和收縮，將有助你感覺身心狀態的穩定，即使受到來自他人的干擾也是如此。

關注當下，「一切都很好」

大腦接收到的大部分訊息都是來自身體內部。除非你正經歷著極大的身體或情感痛苦，否則這些信號就像守夜人的呼喚：「一切都很好，一切都很好」，你的呼吸順暢、心跳規律、器官正常運作、思維在運轉、意識也持續存在。事情可能並不完美，但你其實沒什麼問題。無論過去發生什麼事，未來會如何，當下的你基本上一切都很好。

關注這一點是非常有用的！

這種感覺令人感到安心和平靜，是緩解焦慮的即時良藥。你可以從當下基本的安定感中找到立足點，儘管痛苦和悲傷可能仍在你身邊必須要處理，但是在你心中，你覺得還好。認清這一點並深切地感受它，並不代表要你忽視威脅或變得自滿。事實上，如果你必須對那些人或事採取行動，「一切都很好」的感覺會讓你更堅強。

試試看：在呼吸的過程中，不斷專注於自己基本上沒問題的這個事實，幫助自己感到一些安慰，減緩不安或緊張的感覺。如果你的思緒飄向過去或未來，這是正常的；**只需要回歸當下，關注自己此時此刻一切都很好**。

相信自己真正的力量，你將更強大

你知道嗎，其實你有堅定的決心、明確的目標和意志，但是你跟很多人一樣，都沒有意識到自己真正的潛能，你不需要看起來像健美選手一樣才會有勇氣、耐心和毅力。

花一點時間感受自己內在的力量，你會在呼吸中感受到自然的活力，以及你身體中持續的生命力。回想自己曾經感到很強壯的時刻，也許是在野外、使用工具時、或是在瑜伽平衡時，想起你曾受到某件事的打擊，隨後找到了立足點。在這種恢復過程中，你會發現真正的力量。感受今天在身體中的這些體驗，並關注其帶來的好處。

若你願意的話，甚至可以想像對方說話很強勢、批評你或指示你該怎麼做時，你在內心深處依然保持堅強，不斷地回應並強化這種內在力量。你或許會感到緊張、遲疑或悲傷，但同時也有一種根深柢固的自信。只要在受到挑戰時仍自覺堅強，就能夠幫助你面對壓力警戒狀態時仍然泰然自若。

練習 04

你知道嗎，其實你一直是被愛著的

我們都知道關心他人是什麼感覺，也許是對朋友、伴侶或寵物，有一種溫暖的連結，美好的正能量從你那裡流向他們。

感覺自己受到他人關心同樣重要，覺得自己被接納、被重視、被欣賞、被喜歡或被愛。想要被關心，可能會覺得有點……尷尬，但這是一種完全正常的渴望，並且是源於人類做為群居動物的生物本能。從兩億年前第一批哺乳動物開始，我們的祖先主要是透過增強互相照顧的能力而進化的。人類在地球或許已經存在三十萬年，大部分時間生活在由四十至五十人組成的小型狩獵採集部落，脫離群體生活可能意味著死亡。那些不在意是否被關心的人，很可能影響到他們的生存和繁衍。難怪我們都渴望得到人們的關心和支持！

在現代社會，被理解、被重視、被珍惜與否，或許不再是生死攸關的問題，但研究確實表明，感受到被關心可以減輕壓力，變得更積極有活力。不幸的是，許多人都有過被放棄、拒絕、羞辱或虐待的經歷，通常是在特別脆弱的童年時期。即使過去的經歷沒有留下創傷或不好的事，也常造成重大的缺憾，失去某些重要的東西，缺乏美好的經歷。

我們都需要被需要、被認可和被呵護的感覺，有了這些支持，也就滋養了心靈，就像身體需要食物來滋養一樣。我雖然沒有被人欺凌或虐待過，但我在學校時很害羞，年紀還小，父母又忙，我得到的支持就像一碗淡薄的清湯，所以我始終覺得內心有個巨大的缺口。

無論是為了減輕過去的痛苦，還是因應日常生活中的種種困難，感到被人關心是非常重要的。對我來說，這是我個人心靈療癒重要的一環。無論你過去的經歷如何、當前的生活有多麼困難和孤獨，你總能找到感覺真正被人關心的方式，並逐漸填補自己心靈上的空虛。

練習敞開心扉，會發現你一直是被愛著的

讓我們從困難的部分著手：敞開心扉去感受被關心的感覺，可能會喚起你過去不被關心的經驗，也許是來自你冷漠疏離或愛挑剔的父母或伴侶。被冷落、背叛或貶低等看似微不足道的經驗，通常會留下痛苦的痕跡。試著讓這些感受存在，接受它們，並納入一個廣闊的意識空間中，這些感受就不會將你淹沒。

然後，深呼吸，轉向真相的另一面：過去和現在曾經受到關愛的方式和時刻，都是真實存

在的！每個人的生命中都有這樣的經歷。

關心有很多種，從輕微到強烈，從被包容、被重視、被欣賞，到被喜歡，甚至被愛。或許並不完美也不持久，因此你可能會認為不夠好，但仍是真正的養分，可以滿足渴望關愛的心。

建立情感記憶庫

尋找你一天中受人關心的**事實**。大多數的經驗可能只是短暫的時刻，像是某人的體貼、友善或掛念。雖然可能微不足道，但卻是真實的，你可以幫助自己意識到這些關愛的時刻，進而內化成真正的**感受**。試著放慢腳步，體驗當下的感覺：被人接納是什麼感覺？受人重視或欣賞是什麼感覺？被關心時，你的身體有什麼感覺？被人喜歡或被愛又是什麼感覺？

這樣做可能會激起你對失望和背叛的恐懼，可能是源於過去個人的經歷：我們渴望感受被人關心，但為了避免再次受傷害，可能會想逃避這種感覺。這個感覺多麼心酸和悲傷啊！如果你常有這些疑慮和恐懼，那麼再次關注那些你**實際**接收到的關愛。

試著找出對你持續關心的來源，例如，你喜歡參加的團體，或在工作中尊重你的人、有同理心的朋友和家人，或是你最喜歡的寵物，他們都確實很感激你、喜歡你、希望你過得很好。你能否停下腳步，深呼吸，敞開心扉去感受這些關心？

你也可以回想過去曾經很關心你的人，例如，為你烤餅乾的祖父母、你的隊友和教練、父母和導師，和那些看到你的優點，一路上為你加油打氣的人等等。其中有些人可能已經不在你的生命中了，你也許會覺得有點悲傷。然而，當你此刻回想起他們過去對你的呵護時，就能再次感受到被關愛的感覺。

體會被人關心的感覺，觀察當下的經驗，開放身體的感受，關注其中的美好，你可以讓這些溫暖的感受像治療膏藥似的撫平舊傷，甚至讓內心深處的自我得到一些年少時欠缺的關愛。在入睡前，回想被關心的感覺，並沉浸在其中，使之融入你的呼吸、身體和夢境中，你正在建立一個情感記憶庫。當生活充滿挑戰，別人對你不理解或冷漠時，不論發生什麼事，你都可以回歸到自己從過去到現在一直有人關心的感覺。

個人的關懷小組

在你的內心深處，可能存在不同的子性格、觀點、「聲音」或「動力」影響著你。比方說，有一部分的自我會調好鬧鐘想早點起床去做運動，到了隔天早上卻有另一個聲音說：算了吧，今天不行，再多睡一會兒吧。

有一部分的自我會打擊我們，例如：你犯了個大錯、你老是把事情搞砸、沒有人會真正愛你；而另一部分則會以務實的引導、同情和善意來增強自信心。有些部分會聯合起來形成一種內在攻擊者，而另一部分則形成內在支持者。不幸的是，對許多人來說，內在攻擊者就像強大的酷斯拉巨獸，而內在支持者就像微不足道的小鹿班比。

認清內在攻擊者的本質是很有幫助的：它也許是出於好意，但有點過頭了。試著與之保持距離，不要認同它，看它是否提出有用的建議，然後將注意力轉移到別處。內在攻擊者就像煩人的網路酸民，與其與之爭論，不如專注培養自己的內在支持力量。

一個很好的方法是在內心建立一個關懷小組，在各方面協助你。我自己的關懷小組包括心中的感覺，來自曾經愛過我的人、好朋友、嚴格卻善良的教練和精神導師。由於我的想像力很豐富，所以也加入了絕地武士歐比王·肯諾比、魔法師甘道夫和睡美人裡的仙女教母等元素。

當你和關心你的人在一起時，像是真正傾聽你的人、給你良好建議的人，或是為你加油打氣的人，靜下心來，感受他們帶給你的體驗，逐漸強化你的內部支持者。你甚至可以列出清單或畫出你自己的關懷小組成員。

每當你感到受傷或孤獨時，調整自己的情緒，**聆聽內心那些支持的聲音**。想像你正在聽他們說話，獲得情感上的支持和明智的建議，就像你內心有一個好朋友一樣。你可以想像你的關懷小組正在幫助你對抗內在攻擊者；你甚至可以**寫出一段與他們的對話**當作一個有力的練習。你將能感受到，內在關懷小組好好保護和滋養了你心中脆弱、柔軟或易受傷的那部分。

當你用各種方式增強被關愛的感覺時，你自然會更加關心別人。所以，你感受到自己被關愛著，對於他人來說也是件好事。

練習 05 我就是我！接受自己的每一面

如果你曾經與嬰兒或幼兒相處過，你就會看到自己多年前的樣子。我們出生時就是完整的個體，包含了一切的情感和渴望，就像是一座大宅第，所有的門都敞開著，通往所有房間。

隨著人生的發展，開始面對各種情況、不同的人、快樂和痛苦……可能會逐漸關上心門，將內心深鎖。我的博士論文是研究十五個月大的幼兒，你可以看到這些孩子明顯的差異，有些在心理上是開放的，能夠融入社交環境；而有些則已經開始壓抑某些情感，出現內在矛盾——這也是我個人的經歷。我最早的記憶，大約從兩歲開始就對他人抱持謹慎的態度。隨著年齡的增長，我失去了對許多情感的感受能力，尤其是心理比較柔軟、脆弱的部分。我渴望與他人親近，但又害怕一旦我卸下心防，可能會被別人看穿內心。

如果你壓抑或否認自己的某些部分，就很容易對自己感到不滿，覺得自己很糟糕、軟弱、可恥，或不值得人愛。這可能使你感到緊張不安，最終在他人面前表現得小心翼翼，以免別人看到連你自己都無法接受的一面。

每一個面向組合成完整的你，練習接受全部的自己

當然，人的心靈宅第包含著強烈的情感和衝動，需要加以調節，但至少我們可以在各個心門加上一扇窗。你可以明智又恰當地決定要向他人開啟哪幾扇窗，同時也完全向自己展現，這些窗戶增強了你的自信心和自我價值，讓你能更自在地與他人互動——更坦誠、更脆弱、更真實——而不需要維持表象、壓抑自我，或是擔心他人是否會批評你、認可你。

接受你經歷的一切

在練習2中，我們探討了如何**面對**當下的經歷。讓自己保持這種心態，你就能夠敞開心房，接受各種經驗中的五個主要面向：

- 思緒——信念、詮釋、觀點、意象、記憶
- 知覺——感覺、視覺、聽覺、味覺、嗅覺
- 情緒——感受、態度

・欲望──願望、想要、需求、渴望、夢想、價值觀、意圖、計畫

・行動──身體姿勢、面部表情、手勢、行為

問自己：我對上述的各個經驗面向感受有多深？是不是有某些經驗被我忽略、排斥、害怕或否認，例如憤怒或童年的某些回憶？就我個人而言，進入成年後，我感覺自己身體一部分就像痲木了似的。我知道自己的想法，但其餘的內心世界就像一片禁地，我必須逐漸重新探索。一次又一次，緩慢但堅定地做一些下列簡單的練習將會有幫助，你不妨嘗試看看：

・在任何時候──無論是在放鬆時，還是遇到令你煩惱的事情（或人！）時──靜下心來，做幾次**深呼吸**，幫助自己恢復平靜和受人關心的感覺。

・問自己：我現在正經歷著什麼？然後，退一步觀察自己的思緒、全身的感覺、情緒，無論是些許的悲傷，還是強烈的憤怒或欲望，無論是小小的渴望，還是深切的需求……以及行動，顯現於身體姿勢、面部表情和動作等。停留在當下，靜觀自己所經歷的一切，**仔細感受卻不受其影響**。

・觀察自己是否有抗拒、緊張或逃避當下之意，盡量放下這樣的反應。試著放鬆自己，接納當下存在的任何感受和想法，任其自然流動，**持續探索內心**更深層、更新、更強烈不安、更脆弱的部分。

如果有任何事讓你覺得無法承受，不妨暫時遠離它，重新建立內心開放和平靜的力量，然後再看看你是否能夠重新面對。你可以游移在不同的經驗感受之間，必要時，可以為它們貼上簡單的標籤，比如說：覺得受傷……胃緊繃……怨恨……報復的念頭……感覺被別人辜負了……童年的回憶……可以幫助你更認識自己內心的體驗。

試著接納自己當下的感受，不去論斷好壞或對錯。這感受可能是痛苦的，也可能是愉悅的；無論如何，都是存在於此刻，都是一種人生經驗，是基於各種原因和條件而發生的，其中許多因素超越了你個人，延伸到其他人、其他時間和其他地方。你可以輕聲告訴自己：我接受自己感受到的＿＿＿＿。我接受自己想要＿＿＿＿。我接受腦海中出現的＿＿＿＿想法。正如心理學家和禪修導師塔拉．布萊克（Tara Brach）所言，你可以告訴自己：這也是正常的（This, too, belongs）。

留心接納自己的經驗會帶來什麼樣的感覺，看看是否感到更自在、更集中專注、更完整或平靜。欣賞自己有勇氣和力量敞開心扉接納一切的意識。

接受自己的每一面

人類的大腦是科學界所知最複雜的物體之一，人腦內大約有八百五十億個神經元和另外一千億個支持細胞，分布在不同的區域，如前額葉皮層、杏仁核和蓋膜，以完成不同的功能。一個基本的神經元會與其他神經元建立數千個聯繫，為人提供一個由數百萬億個突觸組成的龐大網絡，每個突觸都像一個小型微處理器，難怪神經科學家查爾斯・謝林頓（Charles Sherrington）將大腦稱為「魔法織布機」，不斷運轉編織著人類的意識。

就像大腦有很多不同的部分，人的內心也有各種面向和情感。有些面向可能容易感到緊張焦慮，而有些面向可能比較自由勇敢；有些喜歡秩序，有些則渴望狂野；有些喜歡閒聊，有些則需透過圖像和感受來溝通；有些是成熟穩重的，有些則感覺青春洋溢；有些渴望某種感官體驗，或老愛批評指責、持續怨恨他人，但也有其他部分擁有內在智慧；有些想要與他人更親近，而有些則想保持疏遠。

我們通常會把感到自豪和受讚揚的部分向外界展現，而小時候曾讓我們陷入麻煩的那些部分則會受到壓抑和隱藏，或許帶著羞恥的感覺……或是日益強烈的憤怒。當我們對他人過度反應時，往往是因為在對方身上看到我們自我排斥和貶低的那一面。

這種內在的複雜性早已為人所知，像是莎士比亞的「生存還是毀滅」（to be or not to be）、佛洛伊德的「本我、自我、超我」，乃至於里查・史華茲（Richard Schwartz）的「內在家庭系統治療」理論（Internal Family Systems）。正如詩人華特・惠特曼（Walt Whitman）所言，「我之中有無數的我」（I contain multitudes）。這是很正常的，並不是你個人的問題，而認清這點正是朝向更全面接受自己很重要的一步（極端的內在衝突、自我分裂，和所謂的解離性身分障礙症，都超出本書的範圍，需要尋求專業的協助）。

你內在的每一部分都在試圖幫助你，即使是以誤導的方式。不妨擴展自我意識，包容自己所有的面向，如此便能釋放內在衝突的張力，善用每一部分的天賦，緩和你與他人的關係，並帶來內心全然的平靜。現在，讓我們透過三種體驗方式來探索這一點：

・以書面清單、圖畫或在心中，列出自己的各種面向

請簡單地為你每一部分的自我命名。以我個人為例，有些部分的我可以標記為：叛逆的孩子、控制欲強的父母、森林居民、僧侶、執著的工作者、憤怒的戰士、逗趣的傻瓜、悲傷世界見證者、鼓勵者、受傷的退縮者。你也可以發揮創意，想像自己內在的智慧之樹、雅典娜女神、蛇、魔術師或搖滾巨星等。發掘自己美麗、重要、有價值的一面，例如，可能曾經被你壓抑、忽視或否認的那些特質、意圖、傾向、直覺、能力等。也請認可想要向別人多多展現的那一部分。無論是什麼，全都是屬於你的一部分！

接下來，想像你各部分自我都圍著一張大圓桌靜靜地坐著。感受你的核心自我，也就是你的意識、善良、智慧和決策的中心：內在「自我」的本質。然後，從這個中心開始，認識你的每一部分，在心裡對自己說著：（你這部分的名字），我認得你，你是我的一部分，你試著用你的方式幫助我，我包容你、也接納你，謝謝。注意你對各部分自我的反應，尤其是被你排斥或忽視的那些部分。試著接受每一部分自我的真實樣貌，即使這部分的我需要節制規範，也能全然接受。請記住，你可以接受自己的每一部分而不被其控制。

・內在自我的對話探索

最簡單的方式就是想像你的核心自我正在與另一個自我交談：並不是想要說服或改變它，只是單純地傾聽。以下是核心的我與另一個自由奔放孩童的我簡短的對話範例：

核心的我：你好，自由奔放的孩子。我真心想和你談一談，你願意嗎？
孩童的我：好啊！但是不可以太無聊哦！
核心的我：好的，我會試著不無聊。你喜歡玩嗎？
孩童的我：當然！
核心的我：你特別喜歡做什麼？
孩童的我：我喜歡我們到處跑，玩得很開心，而不是一直在工作。
核心的我：你對我的工作很多覺得難過或生氣嗎？
孩童的我：是啊，又難過又生氣！
核心的我：謝謝你告訴我，你還有什麼話想說嗎？
孩童的我：算了，現在沒有。越來越無聊了。
核心的我：好吧，我們現在可以結束了，謝謝你跟我對話。

請記住，你的核心自我不必認同任何一部分或聽從其指示。你可以不斷地重建平衡穩定的感覺，試著接納自己不同面向的態度和渴望。有趣的是，當你越是關注自己內在不同的聲音，它們就會越容易冷靜下來，彼此建立更好的聯繫和平衡。

．將自己不同的面向應用於特定的衝突，或稍具挑戰性的人際關係

假設你的另一半批評了你，雙方發生爭吵，不妨花幾分鐘自我反省，問自己下列的問題（括號裡提出了一些可能的答案）：

這次爭論激起哪一部分的我的情感和反應？（感覺受傷的我；憤怒的我；渴望被愛的我）

好吧，來聽聽每一部分的聲音，你們有什麼話要說的？（感覺受傷的我：我真的很難過。憤怒的我：這不公平，讓我們遠離這裡吧！渴望被愛的我：我只想感受到被關心，而不是被傷害和排拒在外）

有沒有需要我更仔細傾聽的部分？或是我需要更清楚表達的地方？（渴望被愛的我）

有沒有需要我特別留意，避免受其控制的部分？（有，憤怒的部分）

嗯，現在我已經為每個面向的我都騰出了空間，感覺如何呢？（或許感到更平靜、完整）

考慮了所有的因素之後，我應該怎麼做呢？從現在開始，最好的選擇是什麼？（告訴我的另一半，我確實想聽聽他們的心聲，但是不希望聽到他們帶著憤怒的語氣和指責）

透過這樣的練習，你將會感到內在衝突的「聲音」和反應不再左右你，使你更能敞開心扉，真實地面對他人。你會覺得不再被自己的某一部分影響和控制，感受更**完整**的自我。

練習 06

別忘了，你也有自己的渴望

我們的生活是相互依存的，需要很多東西來維持生命、幸福、愛，以及實現一切想要完成的目標。我們的生命每一分每一秒都依賴著氧氣、釋放氧氣的植物、驅動光合作用的太陽，以及其他在數十億年前爆炸的恆星，產生現在支持我們生存的每一口氧氣。從受孕的那一刻起，我們就需要其他人照拂。無論你我，所有人都是很脆弱、柔軟、易受傷害、渴望愛的。當我們接受這個理所當然的事實時，就不會對自己和他人那麼苛刻。

許多人對於自己的需求和深層渴望感到匱乏或羞怯（我不會試圖區分**需求**和**深層渴望**之間的差異，而是將這兩個詞語視為同義詞）。但是，有需求是正常的，每個人都有自己的需求。光是承認這一點就能夠讓人安心，不去檢討自己。而要做到讓別人充分滿足自己的需求，第一步就是要尊重自己的需求。

練習探索自己更深層的渴望

不論是在你的腦海中、大聲說出來、寫在紙上，或是和值得信賴的朋友一起，嘗試一個句子填空的小實驗：我需要＿＿＿＿，完成這句話，然後一次又一次地重複，想到什麼就說什麼，就算聽起來有點傻，也要說出心中的想法。當你反覆完成這個句子時，可能會發現自己越來越深入探索更基本的需求。當你感覺已經表達了目前想要說的話時，不妨嘗試用不同的句型，例如：我真的想要＿＿＿＿。感覺到＿＿＿＿對我來說很重要。當你滿足了我的願望時，我一定感到＿＿＿＿。接下來，再次嘗試這個練習，並著重於某個特定的人際關係。

然後，選擇你的其中一個需求，對自己說：我確實需要＿＿＿＿。我承認我真的很重視＿＿＿＿。對我來說，＿＿＿＿非常重要。我需要＿＿＿＿是很正常的，沒有問題。試著抱持包容心，讓自己覺得有這種需求並沒有什麼不對。

再深入想想，問自己需求的背後是否還有更深層的渴望。比方說，你可能說出了「我需要另一半給我更多的讚美」，然而，讚美只是一種手段，其實是想滿足更深層的渴望，像是得到自我價值感。有時我們可能過分關注表面上的需求，變得執著於他人某些特定的言語或行為，這或許是因為說出這些「替代的」脆弱深層需求，可能令人感覺比較安全。例如，當孩子還小的時候，我曾經請我妻子在我下班回家後給我一個擁抱。當然，表達情感是好事，但我真正需要的是感覺到我對她來說仍然很重要，而不僅只是共同撫養孩子的父母——大聲揭露這個心聲是很羞怯的事。即使你能讓別人說出你想聽的「正確」的話，但**如果不直接面對更深層的期待，你可能還是無法真正得到滿足**。

一旦確定了內心深處的期待，不妨想想可以做些什麼才能得到充分的滿足（你也可以針對其他需求重複此一過程）。好像需求越深，看起來就越難滿足，但事實上，我們最深切的渴望通常是某種重要的感受，例如感覺平靜、滿足或被愛。當你將注意力從必須以某種方式實現（比如得到讚美或擁抱），轉移到內心想要的感受時，通常就可以找出很多方法來幫助你獲得那種體驗。這樣自由多了！問問自己：如果別人的行為或言語符合我的期望，我內心深處會有什麼感受？然後再問自己這個關鍵問題：我該如何幫助自己得到那種感受，而不必仰賴其他人的行為呢？

例如，如果你想要更強烈的自我價值感，不妨尋找你受人欣賞和重視的地方，不必等別人說出口，你自己就可以發現。你可以檢視自己一天中完成的許多事情，在早上起床和晚上入睡之間，你對其他人展現了怎樣的善意和關懷？你自己就可以發現這些事，並真正享受這份成就感。當然，和他人巧妙地溝通絕對是有必要的，也包括談論他們的需求（對於如何做到這一點的相關建議，請參見第四和第五部）。

然而，為什麼對方總是無法滿足你的期待呢？因為，你們不在同一個頻率上！這可能會讓你感到無助，甚至再也不抱希望。為了讓你想要的事情能被發現，**制定計畫**非常重要，尤其是如果你在成長時期與人互動時，個人需求總是受到批評或忽視的時候，更是需要計畫滿足自己的需求。與其等著別人來滿足你，不如自立自強，盡全力去感受自己的深層渴望，這是一種充滿力量、希望和有益的方式。雖然我們確實需要依賴他人，但我們仍然可以在這種依賴關係中盡量滿足自己，久而久之，當我們需要向他人索要關心和愛時，可能會更容易達到目的。

最後，思考一下你該如何依賴……你自己。今天的你，從過去的自己那裡得到各種大大小小的天賦。就像大型接力賽的運動員一樣，你每天將接力棒交給明天早上醒來的自己。無論你過去犯了什麼錯誤，想想你曾經為自己的人生付出的一切：解決了問題、完成了目標、維繫著人際關係、學到的教訓等，你會發現以前的自己如此努力，於是你感謝過去的自己，感覺一定很不一樣！

放眼未來，未來的你會是什麼樣子，取決於你今天所做的一切。不要有壓力，而是慢慢地讓這個想法深深烙印在你心中，未來的你正指望著此刻的你。對未來的你來說，現在什麼是最重要的？在今年、此時此刻，你能做些什麼，為未來的自己創造一個平安、健康、幸福，和自在的人生？

練習 07 對自己慈悲一點，你將更堅強

若是你的一個朋友可能因為工作了一整天而感到疲憊，或是擔心著孩子，也可能是正在面對慢性疾病、金錢壓力，或是單身的孤獨感而覺得人生苦悶。

你知道了他們的痛苦，可能會有點同情他們，對他們經歷的事情感同身受，你很擔心、關心他們，如果有能力的話也想伸出援手。

但是，當你自己感到苦悶的時候，你會仁慈地對待自己嗎？大多數人對他人表達同情和支持，都比對自己仁慈要容易得多。

然而，許多研究顯示白我疼惜會帶來不少好處。從克莉絲汀．娜芙教授（Kristin Neff）＊開創性的研究開始，調查發現自我疼惜可以讓人更有韌性、自信、有抱負，可以減輕壓力、減少自我苛責、並提升自我價值感。在一段複雜難解的人際關係中，自我疼惜可以減輕他人對你

造成的影響、緩和你的憤怒，並幫助你以更尊重自己和真誠的方式互動。

這絕不是沉湎於自艾自憐當中，自我疼惜會使你變得更堅強，而不是更軟弱。當你的生活受到打擊時，首先要對自己慈悲一點，然後才能想清楚下一步該怎麼做。

揮別苦悶，練習對自己慈悲

「苦悶」一詞的意義廣泛，涵蓋了身體和精神上的苦痛，從輕微到強烈。它不是人生的全部，但對於每個人來說，肯定是人生中的一部分——不幸的是，對許多人來說，它占了很大一部分。

精神上的苦包括悲傷、恐懼、傷害、憤怒、緊張、壓力、麻木、孤獨、挫折、失望、內疚、羞恥、負面的思緒、自我批判，以及任何匱乏或錯誤的感覺。生命對每個人都是殘酷的，我們都背負重擔，我們都會失去所愛的人，我們都會面臨疾病、衰老和死亡。

你能靜下心來關注自己的苦悶嗎？可能只是一種疲憊的感覺，或對今天得完成所有任務感到焦慮，又或是對某段人際關係感到些許心痛。無論是什麼，痛苦的感受確實就在那裡，真實存在著。

或許是內在因素牽動我們的情緒，可能是外在事物交織出各種煩擾，無論來自何處，痛苦就是痛苦，不管原因是什麼，你都可以對自己的苦悶抱持同情心，就算你認為有些是自己造成的，還是可以對自己慈悲一點。

一旦有一天，你察覺到自己原來是痛苦的，那麼就接納這份苦吧，而不是將之推得遠遠的，這樣你才能給自己關懷和支持。當你對自己心懷慈悲的時候，心裡是苦樂參半的：既有痛苦的苦澀，也有美好祝福和溫柔關懷。

在接納苦悶的同時，不妨著重在生命美好的一面。如果你的注意力被捲入無盡的痛苦中，或總是一味地自責或抱怨他人，那就試著脫離這種情緒，必要時，一次又一次地讓自己回歸到關心和支持的感覺。

當我們感受到溫暖時，便有動力嘗試去減輕痛苦，然而，或許有的時候實在是無能為力……但即使問題沒辦法「解決」，你的慈悲仍然是真誠的，而且是很重要的。就算你面對的是棘手的情況，也許是和你斷絕往來的兄弟姐妹，或是為了退休金而忍受壓力沉重的工作，你還是能為自己帶來溫暖和尊重。

假設你面對一段複雜難解的關係而備感壓力，甚至心煩意亂，不妨試試以下的自我疼惜延伸練習：

首先，讓自己感受到平靜和堅強，以及被關心的感覺。接下來，想一個你關心的人，找出他們苦悶的地方，對他們抱以同情和理解，同時體會一下慈悲心是什麼感覺。

然後，注意你在這段複雜難解的關係中所經歷的一切，主要關注於你的情緒、感覺和渴望，並試著避免不斷回顧過去的事件。你可以輕聲說出你所受的痛苦，例如：悲傷……惱怒……有點震驚……好累……擔心……胃部沉重的壓力……感覺就像在校長辦公室聽訓的孩子……口乾舌燥……高中時期被同學排擠的回憶……腦海想著我該說卻沒說的話……為什麼沒有人站在我這邊！……氣死人了……心痛，事實上，真的很心痛……

當你承認自己的感受時，給自己多一些理解和溫暖，就如同你對待有同樣處境的朋友一樣。你或許可以想像自己坐在面前的椅子上，或仔細體會內心受傷的地方。以任何你覺得合適的方式，讓自己的關懷、溫柔的慰藉和支持都流向這份痛苦。你可以在心中輕聲說出這樣的話：是啊，好難啊……是的，這真令人心痛……有這種感覺沒有什麼不對；其他人也都有同樣的感受……但願我不再受苦……但願這份痛苦能夠減緩……但願我能得到平靜……你會發現，每個人都在承受著苦悶，你並不孤單，現在世界上許多人都和你有相似的感受。

你可能會感覺溫暖和善意正像波浪般湧向自身痛苦之處。想像或者感受一下慈悲正在與苦難接觸，也許進入內心深處的傷痛，或與你年輕的那一面溝通。你可以把手放在心口或臉頰上，或給自己一個擁抱，來加深這一切的感覺。

然後稍微轉移焦點，探索接受這份慈悲的感覺。你能讓它進入你的內心嗎？即使只有你自己一人在承擔一切，你依舊能感受到自己是被關心、理解和支持著的嗎？

當你完成自我疼惜的練習時，用一些鼓勵自己的好方法來闖過一關又一關，無論是在你心中支持自己、語言激勵自己，或行為鼓舞自己，只要是能幫助你消解苦悶的就是好方法。對自己慈悲一點，不但是為了自己，也能推己及人為他人著想，讓你的日子更積極正向。

＊編按：克莉絲汀・娜芙，美國德州奧斯丁大學人類發展與文化學院副教授，是自我疼惜研究領域的先驅，著有《自我疼惜的51個練習》（*The Mindful Self-Compassion Workbook*）等書。

練習 08

你是善良的好人，世界都是善良的

許多人不太認為自己其實是一個好人。你會努力工作、學習，並且幫助別人——但真的深信自己是個好人嗎？那就不見得了！

我們總感覺自己很多地方都不像是一個好人。童年時期，你可能經常受到責備、羞辱、道德規勸和其他批評，而成年後或許有更多類似的經驗。你可能覺得自己毫無價值，有很多缺點，不值得人愛，或許也有過內疚和懊悔的時候。幾乎每個人，包括我自己在內，都曾經做過、說過或想過一些壞事，諸如欺負小動物、闖紅燈、對弱勢者苛刻、偷拿公用物品、或對伴侶不忠等等。這些就算不是重罪，也能讓人覺得自己不是一個好人。

當然，對一些事感到懊悔是健康的心態，即便我們的行為有一些偏頗，我們潛藏的本質仍是善良的。在內心深處，幾乎所有意圖都是正面的（即使表達方式可能出了問題）。當我們不受痛苦、失落或恐懼的干擾時，大腦會自動回歸到平靜、滿足和關懷的基本平衡狀態，會察覺內在有一股不可思議又深切的、也許是超越小我的愛和仁慈的情懷。

真的，真相就是，你是本性善良的好人！

當你感受到自己善良的天性時，就更容易以積極的方式行事。**認清自己的善良本質，也就更能夠在其他人身上看到這種善良**。當你能夠看到自己和他人的優點時，就更有可能積極採取行動營造更美好的世界。

練習感覺自己像個好人，世界更美好

我已經學會了五種有效的方法，讓自己感覺像個好人。如果你有更多的想法，歡迎提供。

- **感受被關心的美好之處**。當你有機會感受到被包容、被重視、被欣賞、被喜歡或被愛時，不妨在這種感受中多停留一會兒，讓自己的身心沉浸其中，使之深植於內心。
- **認清自己的思想、言語和行為中的良善之處**。例如，要肯定自己是一片好意，即使有時無法完全實現這些意圖。當你成功地控制了憤怒的情緒、克制了上癮的衝動，或是向他人表現出同情心和幫助時，要注意到自己這些積極行為。無論如何，試著欣賞自己的決心、毅力、善良、勇氣、慷慨、耐心，和勇於接受事實的意願，你正在認清自己的本質。在心中為這種認知保留一個安全空間，保護自己免受他人的影響，尤其是那些喜歡貶低他人來增強自身優越感的人。

- **感受自己善良的天性**。每個人內心都是善良的，即使有時候很難感受或看到。這種善良感覺是很親密深刻，甚至是神聖的，是你心中一股流動的力量、精神的源泉。
- **看到他人善良之處**。認識到他人的善良有助於你感受到自身的美好。你可以觀察別人日常的小善行，如公正、仁慈和誠懇的努力，感受他們內心更深層的渴望，想要成為正直有愛心的人、想要有所貢獻、想要幫助而非傷害他人。
- **全心全意擁抱善良**。讓「善良的天性」逐漸成為你生命中的主導力量，你可以寫一封短信，誠摯地告訴自己，為什麼你是本性善良的好人，並不時重複閱讀，而且堅信不移。碰到麻煩的情況或人際關係時，問自己，做為一個好人，此時該怎麼做比較恰當？透過行動來體現你的善良本性，並讓這種善良的自我認知更深植於內心當中。

享受這美好的善良，是如此真實又純粹。

練習 09

即使不完美，你也有資格追求想要的人生

在我成長過程中，無論在家裡還是在學校，展現真實完整的自我總讓我沒有安全感，包括犯錯、叛逆、生氣、大聲吵鬧，或是表現自己尷尬和脆弱的一面。我並沒有像許多人經歷過暴力恐懼，但我總感覺可能會因其他事受到懲罰，或遭到拒絕、排斥和羞辱。

因此，就像大多數孩子一樣，我戴上了面具，封閉自我，警覺地觀察周圍的人事，嚴格管理著「我」的表現。這樣卻使我如鯁在喉：我知道自己內心深處的想法和感受，但幾乎很少真實表達出來。

表面上看來，我好像不信任他人。沒錯，在一些人旁邊我確實需要小心謹慎，然而，真正的問題是我不相信自己。

我總認為自己不夠好，不值得被愛，也不認為即使我犯了什麼錯也沒關係。我對自己完全

沒有信心，不相信自己擁有善良、智慧和愛的本質。我也對人生缺乏信心，認為需要嚴格掌控一切才能朝正確方向發展，我總是懷疑著自己的價值，也不認為我有什麼值得發展潛力。

所以我一直生活在壓抑緊繃的狀態下，雖然在學校表現不錯，有時也感到快樂——但大多時候都是在麻木和痛苦之間掙扎。

在心理學者艾瑞克・艾瑞克森（Erik Erikson）提出的人類發展八個階段中，*第一個基礎階段是「基本信任」。他關注的是對外部世界的信任／不信任（尤其是對人的信任感），這一點無疑是很重要的。然而，不相信世界的根本原因，似乎往往是因為我不相信自己有能力去面對這個世界。

我這輩子一直在努力培養對自己更有信心，讓自己變得更輕鬆、自在、把握機會、勇於冒險、敢犯錯並從錯誤中學習，不再把生命看得太嚴肅。

當然，當你很信任自己時，有時事情可能會出錯，但是當你不相信自己時，便可能出現更大、無法解決的錯誤。

人生不需要完美，練習相信自己可以去追求一切

沒有人是完美的。**你不需要做到完美才能真正放鬆自己、表達真實的感受，和追求自己想要的生活**。現在的你，未來會有怎樣的發展，長期來看會成為怎樣的你，才是你的人生中最重

要的。

沒錯，嚴格控制和精心打造的形象或許會帶來一些短期好處，然而，從長遠來看，卻要付出巨大的代價，包括壓力、被壓抑或隱藏的真相、和內心的疏離感。

帶著溫和和自我疼惜的心態，檢視自己的處境。你是否因為害怕表現不好或失敗，而懷疑自己或退縮不前，包括在重要的人際關係中也不敢更進一步？想像自己如果大方展現真實的自我，是否可能會遭受他人拒絕、誤解或辱罵呢？

也許你已經內化了別人對你的批評，一直執著於認為那些缺點和錯誤的確就代表了你這個人，因而忽略了自己更多美妙的優點。

當你放鬆下來，純然接受真實的自己時，會是什麼感覺？其他人如何回應？當你信任自己時，能為家庭或工作帶來什麼好處？

當然，面對外在世界時要謹慎行事，認清何時該放手、冒險或表達自己的時機，以避免無謂的風險。同時，要像慈愛的家長一樣引導自己的內在世界，適當自我約束，不要毫無節制地表露自己的想法、情感或渴望。

同時，如果你像我，和每個展現真實自我的人一樣，你就會發現內心蘊藏著許多美好的特質：能夠明辨對錯和重要與否，有著豐富的生命和情感，還有許多等待分享和發掘的天賦和優點等等。思考一個重要的、可能具挑戰性的人際關係，並想想如果你更加信任自己，這段關係將會變得多美好。

做完整的自己，這才是值得你相信的。在今天、這一星期、這一生中，當你賭上自己的人生，全力支持自己的決定時，會發生什麼事？若是你倒下，卻深信自己有能力承受，又會有怎麼不一樣的事呢？

＊編按：艾瑞克・艾瑞克森（一九〇二－一九九四），德裔美籍發展心理學家，把人的一生分為八個社會心理發展階段：嬰兒期、幼年、學齡前、學齡期、青春期、成人早期、成人中期、老年期。其中第一階段的嬰兒期是建立基本信任和不信任的時期，此時建立起信任感的孩童對未來敢於懷抱夢想，也有自己的渴望。

練習 10

送份禮物給自己，是加倍的幸福感

你還記得送禮給人的那一刻嗎？也許是一份節日禮物，或是給孩子的獎勵，又或是幫助朋友。你當時的感覺如何？研究人員發現，贈送禮物給人會刺激一些神經網絡，產生類似身體愉悅時會有的反應。

還有**接受贈予**的感受。你還記得自己接受他人送東西給你的經驗嗎？也許是看得見摸得著的實物，或是某個溫馨、道歉的時刻，或者是認真傾聽你的心聲。不管是什麼，你當時的感覺如何？應該還不錯吧！

如果你贈送的對象正是自己，那可就是買一送一的交易了！此外，還有一個附加的好處，那就是你正主動採取行動，而非被動等待，這樣你比較不會產生「習得無助」（learned helplessness）的挫敗感。習得無助會讓人覺得自己無能為力使事情變得更好，做什麼事都徒勞無功，久而久之就什麼都不想做了。研究表明，當這種無助感形成，很容易導向抑鬱症。

贈送一些好事、好物給自己，還有另一個最大的好處，就是你將更加重視自己，尤其是如果你童年時期總是感覺不被重視，那麼這一點就特別重要。

此外，當你多花時間關心自己時，你的生活會變得更充實，更有能量為別人付出，意思就是，當你的杯子滿了，才會有餘力分享給他人。人們在感受到巨大的幸福時，通常更容易顯得仁慈、耐心和好相處。

每天都可以給自己美好的小禮物

你可以透過多種方式來送自己小禮物，許多是無形的，而且是在日常生活中的短暫片刻。例如，當我在寫這段文字時，給自己一份小小的犒賞就是遠離鍵盤，靠在椅背上，深呼吸，看看窗外，放鬆一下。這是可輕易達成的禮物。

不做某些事也是犒賞自己的重要禮物：不喝第三杯啤酒、不熬夜看電視、不捲入無謂的爭論、開車時不急躁莽撞……

你會發現每天有很多機會可以給自己一些美好又有影響力的小禮物。經常問自己：我現在能給自己什麼？或是：有什麼東西是我渴望得到也有能力給予自己的？或者：在這一段關係中，我能給自己最大的禮物是什麼？然後試著真正去做。把時間拉長遠一點，問自己：我如何在這個星期、這一整年、甚至這一生中幫助自己？試著持續傾聽答案，讓這些心聲在你腦海意識中反覆回響。

你可以想像一個非常有愛心且願意付出的人，花一些時間去感受他們給予你的關懷和支持——進而開始學習給予自己同樣的關愛。

了解自己的友善大方以及你對他人的付出，你能否將這份關懷擴展到自己身上？讓你的仁慈、智慧、珍惜和支持等與生俱來的特質，流向世界上你最有權力控制也最有責任要保護的那個人——也就是你自己。

練習 11

原諒自己，你可以變得更好

每個人都會犯錯，包括你、我、鄰居、特蕾莎修女、聖雄甘地等所有人。承認錯誤、懺悔，並從中學習以避免再次犯錯，是非常重要的。但是，大多數人在這個過程中會過度自責，超越了合理的限度。

每個人心中都有一個內在批評者和內在保護者。內在批評者不斷地責備你，任何一點小事情都可以挑剔，把小失誤放大成重大錯誤，為你過去的錯誤懲罰著你，即便你努力想要彌補過失，也不願肯定你。

如果你像我，和我所認識的大多數人一樣，真的需要喚醒自己的內在保護者為你挺身而出。稱職的內在保護者能正確地評估你的短處和不當行為，不只看到你偶爾犯錯的一面，也能注意你的諸多優點，在你走錯路時鼓勵你重回正途，並坦率地叫內在批評者離你遠一點。

有了內在保護者的支持，你很清楚自己的缺失在哪裡，不會因此而無限擔心自責，永遠開心不起來，你會盡力彌補自己造成的任何麻煩，然後向前看。罪惡感、羞愧心或懺悔帶給你真正的好處是，你學到了寶貴的一課，你知道自己日後不會再犯相同的錯誤。過度內疚會削弱你的元氣、心情和自信心，不斷苛責自己真「壞」，那麼你永遠不會變「好」。

知道自己的錯在哪裡，適度地懺悔反省，然後承擔起應付的責任，同時盡你所能地彌補錯誤。然後，對一切釋懷，這樣就是我所謂的原諒自己了。

練習原諒自己，完成更重要的事

首先選擇一件比較小的事情，然後嘗試下列其中一種或多種方法，你只需要花幾分鐘就能完成。然後，如果你願意的話，再試著解決更重要的問題。

我們開始吧：

- 首先從**感受某個關心你的人**開始，例如朋友或伴侶、心靈寄託、寵物，或者是曾經在你生命中出現過的人。仔細感受他們的存在，包括對你的關懷，這些已經成為你內在保護者的一部分。
- **專注被關心的感受**，列出自己許多優點。你可以問問內在保護者對你了解多少，這些都是客觀事實，而不是恭維話，你並不需要虛榮的奉承，本身就有良好特質，例如耐心、決心、公正或善良。

- 面對自己感到內疚的事情，**認清所有事實**，包括發生了什麼事、你當時的想法、相關的背景和歷史，以及對自己和他人造成的影響。同時注意那些難以面對的事實，例如，當你對著孩子大吼大叫時孩子的眼神。要特別敞開心胸接受這些事實，這些正是阻礙你成長的因素。只有面對真相，才能使我們自由。
- **將發生的事分為三類：道德瑕疵、經驗不足和其他類別**。對於道德的瑕疵，需要承擔適當的內疚、懊悔或羞愧，也需要加以改進；對於經驗不足，則只需要糾正行為，這點非常重要。你可以問問別人對你的分類看法，包括那些可能受到你傷害的人，但最終只有你自己才能決定哪些事情應該歸入哪一類。例如，假如你曾在某人背後八卦，並誇大其所犯的錯誤，你或許可以將誇大的謊言視為道德瑕疵，值得深刻反省和改正；而隨意的八卦則屬經驗不足，不必因此過於自責，只要糾正行為即可（例如從此不再這麼做）。
- **誠實面對**自己的道德瑕疵和經驗不足，並負起責任。在腦海中或大聲說出（或寫下）：我要對＿＿＿、＿＿＿和＿＿＿這些事負責。要真心誠意覺得如此。
- 接著對自己說：但是我不必承擔＿＿＿、＿＿＿和＿＿＿的責任。例如，你不必對他人的誤解或過度反應而負責。此外，就算有人對你感到惱怒或不悅，並不一定代表你做錯了什麼。認清自己不必對這些事負責，釋放掉一些負擔。**你有權決定哪些是不必承擔的責任**，這有助於你專心處理真正需要你負責的事情。

- 承認自己已經從錯誤經驗中**學到教訓**，也已努力修復和彌補所造成的影響，深刻意識到此事，並對自己所做的一切感到自豪。接下來，認清是否還有什麼需要努力的地方，無論是心理上或在現實世界中，然後付諸行動。好好感受自己的努力，同時也對自己感到自豪。
- 現在，與你的內在保護者一起**檢視**：是否還有其他需要面對或完成之事？仔細傾聽內心良知的聲音，與內在批評者那猛烈的責難截然不同。如果你確實知道還有事情需要處理，那就好好去處理，否則，就堅信自己已經學到了教訓，也已盡全力改正了。
- 現在，積極地學習自我**原諒**。可以在心中、大聲說出來、寫下來、或是對別人說出這些話：

  我原諒自己犯下的______，______和______等錯誤。我已經對此負起了責任，並盡我所能彌補一切了。你可以請求內在保護者原諒你，或是向他人表達誠摯的歉意和悔改，也許包括你曾經傷害過的人。請花一點時間完成此一步驟。
- 你可能需要反覆進行上述步驟，才能真正做到原諒自己。但是沒關係，讓被原諒的感受深深地烙印在你身心，並仔細思索當你原諒自己之後，對別人將會帶來多大的幫助。

願你心靈平靜。

Part Two

我們都需要溫暖的心

練習 12

滋養愛的能量，創造無限可能

還記得本書前言中提到的寓言故事嗎：生活中想充滿愛或恨，取決於我們每天餵養哪一匹狼。每次一想到關於兩匹狼的故事，總是讓我起雞皮疙瘩。誰的心中沒有愛之狼和恨之狼呢？

我知道我自己就有。恨之狼每次都出現在我生氣、瞧不起人或霸道時。即使只是存在於我自己的心中，有時還是會顯露出來！

我們心中有這兩匹狼，正是人類進化發展的結果。我們的祖先生活在狩獵採集小群體中，同時得和其他部落激烈競爭有限的資源，都需要這兩種心理反應才能維持生存。因此，基因演化出群體**內部合作**和**對外攻擊**的特質，愛之狼和恨之狼已經交織成人類的DNA。

一旦我們將他人視為「非我族類」時，無論是在家裡或職場，還是在晚間新聞中，恨之狼就會警覺地抬頭伺機攻擊。如果我們感覺受到一點威脅，遭受不公平待遇，或感到絕望時，恨之狼就會跳起來四處找尋咆哮的對象。

雖然恨之狼在石器時代能發揮保護的作用，但如今卻會滋生猜忌和憤怒、腐敗和心病，讓我們在家庭和職場中與其他人發生衝突。在人類互動日益頻繁的現代世界，當我們忽視恨之狼的存在，而害怕或攻擊其他人的時候，通常會反噬到我們自己身上。

對愛保持堅定，練習滋養愛之狼

討厭恨之狼只會使它變得更加強大。相反地，你可以學著控制它，將怒火引導成健康的自我保護之道，或是用自信來表達你的情緒，而非用恐懼和憤怒養大它。

同時，滋養愛之狼也非常重要。隨著你發展出更大的同理心、善良和人際交往能力時，你自然會變得更強大、更有耐心、更少煩躁或怨恨感，你更能懂得善待他人，不會去壓迫別人，那麼，你也就更有可能得到他人的善待，一些無謂的衝突就不會發生了。

愛之狼不僅只是為你，也是為他人而存在的。正如本書前言提到的，你可以透過對自己更好一些來滋養它，例如，關注日常生活中的美好之處，體會被重視、欣賞、喜歡和被愛的感覺，多多疼惜自己，注意自己正直良善的一面，深信自己是本性善良之人。

你也可以透過關懷他人來滋養愛之狼，這一點將在本書其餘篇章深入探討。例如，對他人的痛苦感同身受並希望他們一切順利、看到他人的優點、不傷害萬事萬物等。讓這些體驗深入自己心中，愛之狼才有足夠的空間生長茁壯。

你可以多多關心世界上美好的那一面，許多好事都是人類共同合作才有進步的現在。儘管恨之狼可能占據新聞版面，但事實上愛之狼才是更普遍和強大的。人類在地球上大部分的時間裡，都是與群居中的其他人同心協力共生至今。也就是心理學家保羅．吉伯特教授（Paul Gilbert）所謂的**關懷和分享**。**這是我們與生俱來的能力，也為我們創造了無限可能**。

換句話說，我們要用善心和希望來滋養愛之狼，其他人的好、我們自己的好、世界上的一切美好……都可以讓愛之狼越來越健壯，幸福美麗的未來是我們共同創造的。

我們都知道要你好、我好、他好才能有好未來，但有時我們很容易過於專注在自己的損失或威脅上，而無法堅定滋養愛的信念。有些組織或有心人士為了獲取更多的財富和權力，而用恐懼和憤怒的老套手段試圖影響我們，你是否容易受到這些操弄呢？

讓我們保持堅定，堅守身邊和內心存在的美好事物。

讓我們保持堅定，相互依靠和扶持。

練習 13 同理心拉近了全世界的距離

想像一個世界，人們是像螞蟻或魚一樣的互動交流，就好像你對別人的內心世界無動於衷，而別人也是如此對待你，這會是什麼樣的世界？

那是一個缺乏同理心的世界。

當你擁有同理心時，你能感受到他人的情感、想法和意圖，他人的同理心也會讓你「感受到被理解的感覺」（feel felt，借用腦神經權威丹尼爾．席格教授〔Daniel J. Siegel〕的話來說）。缺乏同理心，你會覺得都沒人了解你，或更糟糕的是，對方根本不在乎你有何感受，人與人的互動交流也會受到影響。比較脆弱或弱勢的人，比如孩子，特別需要人們理解他們，若是缺乏這份理解，該有多麼不安啊。

同理心能舒緩情緒，使人平靜下來，也是建立溝通橋梁最重要的基礎，有同理心的時候，想解決問題就會變得容易許多。同理心會給你很多有用的訊息，比如什麼事對某人最重要，或什麼事真正困擾他們。根據我數十年治療師的經驗，缺乏同理心是大多數不和諧關係最核心的問題，彼此互不理解，那麼這段關係也很少會有好的結果。但是，**當雙方都願意去理解對方時，即使是最麻煩的問題也得以改善**。

例如，我有一個親戚，她的心地非常善良，但有時咄咄逼人的性格讓我有點抓狂。最後我開始想像，和她相處就像透過長滿荊棘藤蔓的柵欄看著營火一樣。我專注於感受她對我散發的暖心關懷，不讓自己被帶刺的藤蔓困擾，一個轉念，就讓我們兩人的關係變得更好了。

最重要的是，當你表現出同理心時，傳達的訊息是，他們對你而言是活生生存在著的，而不是毫無情感的物體（It），如哲學家馬丁．布伯（Martin Buber）的「我與你」（I Thou）人際關係模型。*1 你會看到別人的內心世界，一個感到痛苦和快樂的人，或是一個為追求美好生活而掙扎的人。這種被認可的感覺通常是人們最根本渴望的。

培養同理心，練習理解他人

同理心是非常自然的。隨著人的進化，大腦發展出三個區域，使我們對他人的內心世界有所感知：

- **對他人行為感同身受**。這是「鏡像神經網絡」（mirror-like networks）的作用，該網絡位於大腦兩側顳葉和頂葉的交界處，當你在進行有意的動作（比如伸手拿杯子），或是你看到或想像別人做同樣的動作時，這個神經網絡都會被啟動。
- **對他人情緒感同身受**。大腦位於顳葉內側有個島葉區域，與自我意識有關，包括內在感覺和直覺。例如，當你感受到悲傷時，島葉區域會變得特別活躍；當你感受到別人的悲傷時，島葉同樣也會受到激活，讓你「從內而外」對他人的情緒感同身受。
- **對他人想法感同身受**。當一個人到了三、四歲時，大腦前額葉皮質（位於前額部位）已經能夠推斷出其他人的想法和行為反應。我們利用這些能力來形成關於他人內在世界的「心靈理論」（theory of mind）。

我們可以透過日常生活中簡單實用的方式，來發展這些與生俱來的能力。我們的大腦具神經可塑性（neuroplasticity）*[2]，當你積極運用同理心相關的神經迴路時，可以增強自己這方面的能力。

理解他們為什麼要這樣

請記住，**同理心並不等同於贊同或認可**。例如，你可以理解傷害你或你討厭的人為什麼這樣做，但這不代表你得放棄自己的價值觀。你對別人的問題感同身受，也不代表你有義務要幫忙解決。同理心不一定只能用在不好的事情上，我們也可以對他人的正面情緒表示同感，例如，分享他們在工作上的成就感或孫子出生時的快樂。

遇到別人難過的事情時，你可以先深呼吸幾次，讓自己變得更加冷靜和堅強。但是話說回來，研究發現，保持適當的距離其實也可以幫助我們更加開放、接納他人，特別是當情況變得緊張時。俗話說得好，好籬笆建立好鄰居，稍微隔開一下，彼此能更友好。

如果衝突發生了，先暫時放下任何的憤怒和批判吧，這樣你才能找回你的同理心，感受對方的想法：也許他們正感到慌亂，對每個人都很警戒，因而有這種不恰當的行為，但其實他們跟你一樣，只是渴望幸福，希望能找到前進的方向。

加強同理心的方法

從好奇的態度開始，特別是你很了解的人，仔細觀察他們的呼吸、姿勢、手勢和行為，如果你仿照他們的一舉一動，會更理解他們嗎？

除了外在的行為，也可以用心去感受他們的情緒，強烈的立場或憤怒背後，或許還隱藏著柔軟的心。保持開放的心胸，順從你的直覺，或許會與他們的情感產生共鳴。設身處地想一想，如果你是他們，你會有什麼感受呢？

對他們的想法、記憶、期望、需求和意圖保持好奇心，推測對方心裡可能在想什麼，在心中形成一些小小的假設。然後將他們的個人背景、性格、優先要務和敏感議題，包括與你的互動也一起考慮進去，你會發現，你似乎更懂得將心比心了：對生命的感悟，對活著的感覺，以及有時面臨生命難題的人，都讓你有更多不同以往的感受。

留意臉上表情

生活中人來人往，我們通常不會仔細地觀察周遭人的臉孔，就算看了也只是短暫一瞥，並沒有真正留心。在熟悉的環境中，你可能已經習慣了熟識的面孔，因而漠視對方臉上釋放的訊息，或隨意假設他們表情的意思，甚或移開目光，因為你可能不想感受憤怒、悲傷，或是對你說的話感到無聊的表情。在電視和其他媒體上，我們每天看到大量的面孔，很容易將這些細微的表情淹沒，逐漸變得麻木或毫不留意。

雖然這種情況是可以理解的，但我們也因此付出了代價。我們錯過了關於對方內心的重要訊息，錯失了建立親密關係和合作的機會，對潛在問題發現得太晚。若能特別注意對方臉上的的表情（但切忌盯著看或侵犯隱私），許多問題在成為問題之前，或許就能提前因應。

留意的表情包含六種普遍存在的基本情緒跡象：快樂、驚訝、恐懼、悲傷、憤怒和厭惡，再加上其他更具個人特色的表情（例如，當我妻子認為我太過自大時，我知道她臉上會流露出一種很特別的不以為然的表情！）。也要**特別留意眼神快速、細微的變化**，人類的眼睛比其他物種更能傳達諸多情感訊息。

與人交流互動的時候，如果抱持一種包容、接納和比平常更深入理解對方的感覺，你是否對此感到不自在呢？有時，過度代入對方的想法，喚起的連結感可能非常強烈，強烈到想追求更進一步的關係，也可能期望越大失望越大。要牢記，你可以深刻理解對方的感受，但同時你也要堅定自己的立場。理解對方，並不代表你一定得採取某些行動來回應這段關係，就像你可以設定明確的界限以維護你自己的立場。

大聲表達出同理心

你通常可以感受到別人對你是否也有同理心，就算他們沒有直接說出來，同樣地，你對人的同理心也不見得要明確表達才行。然而，有時適當表達你理解的心意是很好的，最好是以自然的方式，比方說，輕聲慰問或簡單地重申對方所說的話（例如，哇，這情況真的很複雜，對你來說壓力一定很大）。你也可以透過一些問題來確認自己是否對他人處境感同身受，例如：你有什麼想法？你當時感覺______嗎？你想要______嗎？你是否覺得在______和______之間掙扎呢？

表達理解之意時，要尊重對方，不要試圖說服或控訴。通常，你應該盡量避免與自己的觀點或需求混為一談。本書的第四和第五部將探討如何做到這一點。

你的同理心將會如何改變雙方的互動過程，也許會使溝通更順暢、更真誠，也可能會更輕鬆、快速地達成良好的解決方案。

如果覺得適當的話，不妨與對方討論你們彼此的理解和認同程度。透過你的同理心，你會更清楚地知道自己需要什麼。

對別人的經歷、立場感同身受，是我們應該好好珍惜並推廣的價值，無論你們的關係親疏、距離遠近，理解對方內心是你們能好好相處最重要的事。你和對方也許國籍不同、宗教信仰不同、生活方式不同……表面看起來越是不同，抱持同理心就越重要。同理心可以幫助拉近全世界人與人之間的關係，使人們更緊密地交織在一起。

*1 譯注：馬丁．布伯的人際關係模型是「我與你」（I Thou）和「我與物」（I It）兩種關係模式。在「我與物」的模式下，人們視其他人為無生命的物體。反之，在「我與你」的模式下，則把對方當作一個獨立自主的存在，彼此建立起更真實、深刻的聯繫。（thou 是英文古語「你」的意思）

*2 編按：神經可塑性指的是腦內神經網絡經過學習、經驗等過程，可以改變其結構和功能。過去認為成年人的神經路徑是固定不變的，但越來越多研究發現成人的大腦依然能因應新刺激學會新的能力。

練習● 14

不要吝於付出你的慈悲心

我們通常都會意識到自己承受的痛苦，從輕微的挫折或焦慮，到骨癌的劇痛或失去孩子的痛苦，我們知道自己正在受苦。

但是意識到他人所受的痛苦就不是那麼容易了，層出不窮的災難、謀殺和悲傷的新聞，都使我們對自己國家和全球的苦難感到麻木。我們也很容易忽視或錯過身邊的人所承受的壓力和煩惱、不安和憤怒。

在身陷苦難的時候，若有人看到了他們的痛苦，真正理解他們的感受，或許能帶來一絲安慰。如果連這點都沒人能做到，那是何等的傷痛和悲傷啊！最重要的是，如果他們的痛苦一直被忽視，很可能無法得到必要的幫助。

更有甚者，如果你無法發現別人的苦難，對你而言又何嘗不是一種傷害？你或許錯過了敞開心扉的機會，或許錯過了解自己的影響力的機會。

沒有看到別人的傷痛、煩惱和困境，可能會使問題滋生、擴大，而這些問題本來可以盡早解決。遠方人們的苦難也告訴我們很重要的事，這些問題可能會逐漸擴散到我們的領域，也成為你的麻煩。

對他的人苦難抱有慈悲心，這是希望他人不要受苦最由衷的心願，這並不代表認同、贊成對方，或是放棄自己的需求和權利。你可以對那些傷害過你的人抱持同情，同時也堅持要求對方應該善待你和尊重你。

對萬事萬物抱以慈悲，能讓你打開心胸，並讓人得到撫慰，成長茁壯。接受這份慈悲的人，或許也會以更多的貼心、寬容和珍愛回應你。慈悲心反映出萬物交織在一起的智慧，也讓我們感受到每個人事物都是如此緊密地聯繫著。

練習付出你的慈悲心，得到更多的善意

有一次，我問佛教禪修教師兼學者吉爾・弗朗斯達爾（Gil Fronsdal），他在自己的修行中關注的是什麼。

他思索了一下，然後回以燦爛的笑容說：「我為苦難而停留。」

敞開心扉，關注周遭的苦悶

仔細觀察周遭人臉上的表情，包括職場同事、商店裡的顧客、餐桌上的伴侶等等，注意到他們的疲憊、生活的沉重、戒備心理、煩躁和緊張情緒等等，感受他們言語背後的苦悶。想像一下，如果你置身在他們處境，會是什麼感覺。

如果覺得負擔太重，那就一步一步慢慢來，甚至一次只要幾秒鐘。若想緩解這種負擔，可以想像關心你的人在身邊的感覺。

隨後再次敞開心扉，關注他人的苦悶，例如，那些感覺被忽視的孩子、陷入爭吵的夫妻、錯過晉升機會的同事、或是晚間新聞中看到的任何人。不要只是漫不經心地一瞥，去看看他們眼神中流露出的苦。

也可以從你身邊最親近的人開始，聆聽他們的煩惱和困境，試著感受他們的苦悶，即使你自己可能是造成問題的因素之一。如果適當的話，向對方提出一些問題，並一起探討答案。放開胸懷去感受他人苦悶是什麼感覺呢？你或許會發現，這麼做拉近了你與他人的距離，也會得到更多的善意回饋。同時，你也會更認清事情的真相，尤其是別人實際的處境。

每個人天生就有慈悲心

慈悲心是天生的情感，不需要刻意強迫。你只需要敞開心扉，去感受和體會對方經歷的困難、掙扎、壓力、事件的衝擊、悲傷和緊張。敞開心扉，讓自己深切感受、讓慈悲之情自然地在你身上流動。

當你心生憐憫時，去感受你的胸口、聲音和臉上表情，注意它如何緩和你的想法，使你反應不那麼激烈，將這份感受記在心中，以便未來必要時，可以回到這種狀態中。

慈悲之情往往會在日常生活中自然湧現，也許是某個朋友告訴你失去的遺憾，或是看到某人憤怒表情背後的傷痛，或是從報紙上看到飢餓孩童的照片。試著對你不認識的人產生同情心，例如小吃店裡的顧客、公車上的陌生人、人行道上匆忙行走的人群。

你也可以將探索慈悲心當作一種冥想練習，如下所示。

- **放輕鬆**，專注於身體的變化，喚起和關心你的人在一起的感覺。
- 回想一個很容易引起你同情心的人，試著找出一個**真心的願望**，希望他們能夠擺脫痛苦，也許帶著擔心和關懷之意。如果願意的話，不妨將慈悲用平和的思緒表達，例如：願你不再受苦……願這段艱難時期早日結束……願你能從悲傷中走出來……願你能在這痛苦中獲得平靜。
- 接著將你的慈悲心**擴大到其他人**身上。一個接一個，想想你的恩人（對你很好的人）、朋友、中立的人、不易相處的人。從恩人開始，試著對當中每個人找到可表達同情之處，找出你能夠真誠付出之事，而不要強迫自己去做虛情假意或不切實際的事。如果你無法對某人付出真誠的同情，也沒關係，你可以轉向其他對你來說比較容易的人。

你是否能將慈悲心擴展到你的家族、鄰里、城市、州、國家，甚至全世界，所有的人——不論對或錯、喜歡或不喜歡、認識或不認識——沒有任何遺漏。

你能再更進一步，將所有生命納入你的慈悲之心嗎？所有的動物、植物，甚至所有的微生物，遍及浩瀚眾生，無論大大小小、有形或無形……

讓慈悲融入你的身心當中，流露在你的眼神、語言和行動中，沒有任何遺漏。

練習 15

看到他人的好，也感受世界的好

現今許多的人際互動，常常就像遊樂場的碰碰車一樣，見個面、交換訊息、微笑或皺眉，然後就走開了。有多少人會多花一點時間去了解其他人的內在世界，特別是他們的優點呢？

由於大腦傾向於關注負面信息，使人們更容易注意到別人的負面特質，像是那些讓我們擔憂、煩惱或想要批評之事，正面優點常常被我們忽略了。

不幸的是，如果你認為身邊的人有很多缺點，而他們的優點你覺得很普通、說不上來，你自然會對人生感到失望和孤單。同樣地，若別人覺得你並沒有真正看到他們的優點，也就不太可能用心去發掘你身上的優點，因此形成一種惡性循環。

看到他人的好，是與人好好相處一種簡單而有效的方式，可以讓你的生活更快樂、更自信，也更自在。

練習看到他人的好的簡單方式

放慢腳步

走出碰碰車模式，花一點時間發掘你生活中其他人的優點。這不是戴上玫瑰色眼鏡過於樂觀看待事物，你只是摘下了負面偏見的有色眼鏡，看清事實真相。

看到他人潛藏的能力

我求學時期年紀比較小，經常是體育團隊最後一位入選者，這對自尊心並不是好事。後來在加州大學洛杉磯分校的第一年，我參加校內的觸式橄欖球比賽。我們隊上有一個很棒的四分衛（他體型太小，無法進入美國大學校際第一級橄欖球隊），有一次練習結束後，他隨口對我說：「你打得很好，我會多傳球給你。」我當時非常驚喜，讓我發覺自己其實算是還不錯的運動員，他的讚賞讓我打得更好，我們球隊的戰績也越來越好。五十年後的今天，我仍然記得他的話，他對這話的影響力毫不知情，但卻大大提升了我的自我價值感。同樣地，當我們看到他人的能力，公開表達讚賞時，就如漣漪擴散一般，可以產生無形深遠的影響。

列出人們的美德清單

除非你周遭都是失敗者或反社會的人（這不太可能！），否則你認識的人一定都有許多優點，例如決心、慷慨、仁慈、耐心、活力、毅力、誠實、公正或同情心等。不妨花點時間觀察別人的美德，你可以列出生命中重要人物的美德清單，甚至包括那些你覺得不好相處的人。

刻意發掘可欣賞的特質

一個人的負面特質往往比起優點還要顯眼突出，即使是你親愛的人，也可能會習慣忽略其優點。幾年前，我意識到我對我妻子就是這樣，因此開始刻意尋找她身上令我欣賞的特質（她真的很棒，所以這並不難！），這樣做讓我感到很快樂，對我們的關係也有好處。

試著將這個方法運用在生活中，不論是朋友、家人、同事，甚至是餐廳裡的陌生人，也許你會注意到他們是正直的人、對孩子的溫柔、對於注定失敗的事仍保持熱情，或是有著古怪的幽默感。你能夠欣賞他們身上這些特質嗎？

最後，挑戰一下，找一個對你而言比較難搞的人，比如愛多管閒事的親戚，或在工作上讓你深感挫折的人，挖掘他們的優點。並非要你忽視你不喜歡的地方，而是看到對方的好，可以讓你們的互動比較沒有壓力，如果有任何必須解決的問題，知道他們的優點也有幫助。

總的來說，欣賞別人的好，帶給我們一個強而有力的啟示：我們對生活的觀感取決於自己如何看待，而我們也有能力看到更多美好的那面——這對我們自己和他人都是很好的。

練習16

理解多一點，善意多一點

我的博士論文研究錄製了二十對母親和幼兒的互動影片，分析當母親提供另一種選擇，來回應孩子不適當的需求時，會有什麼結果，例如：「親愛的，不要玩那把尖刀，要不試試這些大湯匙？」經過數百個小時辛苦疲憊的觀察之後，我發現提供選擇可以減少孩子的負面情緒，並增加他們對父母的配合度。

我當年是新手父母，也是渴望完成研究生學業的人，我對這個結果感到高興。不管是孩子還是成年人，顯然都希望從他人那裡獲得自己想要的東西。知道有人注意到我們的渴望是很重要的，但更重要的是，他們在乎。

再聯想到重要的人際關係，如工作上的同事、朋友或家人，若是他們誤解你的目標、意圖或要求，你感覺如何？更糟糕的是，當他們顯然一點都不在乎你想要什麼、你關心什麼、你重視什麼時，你心裡又做何感想？

哎，想必一點也不好受吧。

相反地，如果你注意到別人內心真正的願望，讓人有被理解和重視的感覺，那麼很自然地，別人也會同樣在乎你。

其中一個關鍵點是**理解他人行為背後蘊含的善意**。有一次我在機場匆忙行走，停下來買一瓶水。一個男人彎著身子在商店的冰箱前補貨上架，我伸手到他上頭拿了一瓶他剛剛放進去的水，他抬頭看了我一眼，停下手邊的工作，從另一個架子拿了一瓶水遞給我，輕快地說：「這一瓶是冰的。」我楞了幾秒鐘，以為我做錯了什麼，後來我才明白他是想幫忙：他注意到我拿的那瓶水不是冰的，便好心地停下工作，為我拿來一瓶冰涼的飲料，他用簡單的方式表達對我的善意。我說了聲謝謝，接過了他遞來的水。雖然只是一瓶水，但我被他的好意感動了。

有時候，可能不容易注意到別人的好意。大腦會對新奇事物有反應，因此往往會忽略許多日常生活普遍存在的正面好意，但卻去關心偶爾才出現的負面意圖。

因此，多多探索他人行為背後的善念和願望吧！你終會發現善意無處不在。

理解他人更深的渴望，練習發現正面動機

朋友也好、陌生人也罷，每個人都有隱藏在內心深處最看重的事，若是你曾用心觀察，或

許會發現他們渴求快樂、重視承諾、需要安全感、熱愛生活、珍視自主權、對愛的需求等等。

然後仔細傾聽自己的心聲，你會發現自己同樣也有許多類似的願望，這些對其他人、對你而言，都是一樣強烈而珍貴的。

大多數人渴望的事物都是正面的。有些人或許會採取不正當的手段來滿足願望，甚至有一些可怕的行為，背後也可能是出於正面的動機，像是想追求快樂、地位或權力。當然，理解行為背後的動機，不代表我們應該容忍惡劣的行為。

如果你願意，細想你後悔做過的事，這件事想必有一個正面的目標，若是可以重來，有更好的方法來追求你的目標嗎？

當你和朋友聊天時，留意他們無意間透露的願望，這樣做讓你更了解他們，協助他們實現心願，使彼此更親近。你也可以在不認識的人身上尋找正面的動機，你會看到許多好事，如努力做好工作、對朋友和事業的忠誠、公平競爭、樂於助人等。

也可以將這個方法運用在比較難相處的人身上，或許跟他們互動的時候你覺得很困擾，有時也覺得很受傷，放下這層感覺，探索他們內心真正的渴望吧。當你理解他們背後的正面動機時，或許能夠找到一些減少傷害你們感情的方法，讓對方能夠實現他們的目標，而且也不會破壞與你的關係。

每個人身上都有一絲善良的火種，包括你自己。**認清正面的好意**能喚起那份善良，轉化成一束溫暖而美麗的火光。

練習 17

用善意回應世界，打造美好的正向循環

生活中很多小事都可以表現出我們的善意，例如友善地打招呼、為陌生人開門、溫暖的眼神、微笑，或在會議中照顧被忽視的人，邀請他人發言。前面篇章我們聊到慈悲心，慈悲心意味著我們希望世界萬物都不再受苦，而善意則是我們希望每個人都快樂。

心懷善念，便能夠擁抱世界，而不是躲避世界、遠離人們。善念，是一種積極樂觀的情緒，這樣的積極樂觀正是成功不可獲缺的，很多研究都證明了這一點。我們在前面聊到，對自己好一些，也能對其他人更好，而其他人也會用同樣的好來回應我們，這是一種良善的正向循環。反過來看也是同樣的道理，若你不珍惜自己、不珍惜別人，別人也不會珍惜你，這個惡性循環將帶來多大的痛苦啊！

善念可以抵銷掉惡意，若是你做的每件事都是以善意出發，別人對你就會減少敵意，也不會凡事過度解讀。當這個老掉牙的問題出現——我們是敵是友？——你可以展開雙臂，以開放的心胸回答：我不是敵人。

練習表達善意，每個人都能感受你的心意

有時候，面對攻擊你的人或曲解你的人，還必須要表達善意，的確不是件容易的事，而且也很不切實際。然而，除此之外，我們可以對任何人表達善意，包括親密的人、陌生人、同事、親戚、嬰兒或老闆，我們也可以對非人類動物，甚至對地球環境表達善意。

每個人都自己有不同的風格，我在北達科他州的親戚所表現出來的粗魯直率的善良，與我加州治療師朋友的溫馨善良不同——但心意是一樣的。

擺脫自我中心思維，關心其他人

我們通常將所有注意力放在自己身上，首先只想到自己，然而，善意可幫助我們暫時擺脫自我中心思維，開始關心其他人。

幾年前，我受邀在一場人數眾多的研討會上發表主題演講。這對我來說是一個極大的挑戰，其他的演講者都是著名的心理學家，我擔心自己無法達到他們的水準。我感到非常緊張，壓力真的很大！

當時我坐在後排等著輪到我出場，一直擔心著聽眾會怎麼評價我，會不會認為我只是個冒牌貨？我不斷思考各種方法想讓聽眾留下深刻印象，得到他們的讚賞。我滿腦子想的全都是我自己，感覺糟透了。

為了轉移注意力，我拿起附近座椅上的一份刊物，裡面有一篇關於達賴喇嘛的專訪，他談到希望他人一切順利、想為他人服務帶給他無盡的快樂。這些話給了我極大的啟發，當我不再執著於「我自己」，去關心如何幫助他人時，我心裡感到一陣平靜。

隨後，我在發表演講時，不再專注於自己的表現，而是注意如何為聽眾帶來實際幫助，我感到十分放鬆和平靜，而令我驚訝的是，我得到了聽眾熱烈的掌聲。我對這出乎意料的結果覺得很有意思，我深刻了解到：**想要獲得認可，不必刻意追求；想要照顧好自己，先從關心別人開始**。

善良是可以練習的

善良是自然發生的，不過還是可以自我訓練來加強這種內在特質。回想你對某人特別友善的時刻，並注意你當時的感受和態度以及言行，讓這些感覺深深烙印在心中，成為自己的一部分。和別人相處時，不妨培養一些細微的習慣，如身體稍微向前傾，而非向後；開放你的心胸、放鬆面部表情和眼神，向他人釋出友好和善意。

輕聲表達一些祝福的話：願你快樂、願你的生活輕鬆自在、願你身體健康、願你成功、願你找到渴望的愛等等。同時喚起溫暖友善的情感、打開心房的感覺，探索不同層面的善良感受，例如，體貼、助人、慷慨、友好、謙恭有禮、一片好心、人道關懷、表達支持、感激、深情等等，你會發現這些善良的心帶給你多麼充實愉快的生活。這種練習能幫助善良的特質鞏固於大腦神經系統中。

如果你願意，花一些時間進行冥想練習，從你容易對他傳達善意的人開始，接著將善意擴展到那些你比較不熟悉的人，比如職場上認識的某人或街坊鄰居。最後，再看看你是否能對一個很難相處的人真誠表現善意。你或許會發現，這麼做其實有助於你減輕壓力或降低對他們的不滿，也能更有效地採取行動。完成了冥想練習後，讓溫暖和慈悲心成為一種生活日常，傳遞到每個人身上。

總而言之，請注意，善意主要是你自己的感覺，而不是其他人的想法。最主要是看你自己如何看待外在世界，而不是所遇到的現實狀況。

有意識地表達善意

在日常生活中找機會表達小小的善意，通常，即使只是會心一笑、握手或點頭致意就足夠了。也許是多幾分鐘的聊天時間、早晨的擁抱、一個晚安吻，或是在電子郵件中增添一絲溫暖。

你可以挑戰自己，但同時也保持真實堅定的自我信念。請記住，表達善意並不代表同意或認可。即使你的目標與他人不同，你仍然可以對他人表現善意；即使你和某人有些問題存在，還是可以祝福對方一切順利。

想想身邊和你關係密切的人。例如，我多年來諮商許多對夫妻，很遺憾地看到在長期關係中，基本的善意往往成為犧牲品。如果你有父母、兄弟姊妹或孩子，不妨對他們更好一點。同樣地，忙碌的生活、煩惱和傷害或工作過度的疲憊，真的很容易使我們忽略應該對身邊的人更好。然而，生活中一點一滴的善意，絕對可以為任何關係帶來意想不到的轉變。試試看吧！

不妨對你平時可能忽視、保持距離，甚至冷漠以對的人更加友善，例如餐廳服務生、接送你去機場的人，或是電話客服人員。

即使你處於緊張或壓力之中，還是可以保持善良。在混亂的心靈當中找到你的溫暖和美好祝福，就像在狂風暴雨中聽到風鈴聲一樣。久而久之，你會逐漸意識到自己就是一個善良的人。真的！善良將是你的根源、你的基礎和自然天性。當你用一根根木柴（一點一滴的善意），點燃你心靈壁爐溫暖的火焰時，看看會有什麼結果。

練習 18

真的到了將某人逐出心門的時候嗎？

我們都知道有些人，呃……很不好相處，也許是一位專橫的主管、人還不錯但不太可靠的朋友、惹人討厭的工作夥伴，或是和你感情出問題的伴侶。然而，為了保持好關係，為了和諧的生活，即使有些人真的令我們覺得很不舒服，還是必須強壓心理的不適，強迫自己與他們交流往來。這麼做的後果，就是與我們不喜歡的人相處時，往往帶著受傷、憤怒或輕視等情緒，使得氣氛緊張和壓抑，雙方更容易情緒激動，而讓問題變得更加嚴重。

有時，你確實需要切斷電話聯繫、在臉書上封鎖某人，或是探親時不與家人同住而是住在旅館。在極端情況下，或許有必要與某人完全斷絕關係，可能只是暫時的，也可能永久斷聯。你可能不得不將某人甚至是床頭伴侶，排除在你的工作、團體、假日聚會名單之外。這時好好照顧自己，聆聽內心的感受，對自己的處境做出最好的決定才是最重要的。

外嗎？

不過，在你採取任何實際行動之前，還是可以捫心自問：我真的有必要將此人逐出心門之

練習不排斥任何人，擴大生活圈

當你打開心房的時候，會有哪些感受？在生理上，是不是感受到胸口的溫暖和放鬆？在情感上或許有一種理解、慈悲和平靜的感覺嗎？在思想上，是否更容易客觀地看待事物，並抱持善念？你可以盡情感受心靈開放、毫無保留、心胸寬闊帶來的力量。矛盾的是，一段關係當中最願意表達情感、看似最脆弱的人，最終反而是最堅強的人。

你的心就像天空一樣，寬廣遼闊又全面包容，天空容納所有的雲，即使是烏雲密布的暴風雨也傷害不了它。保持心靈開放的態度，能使你更加平靜，不易因他人而心煩意亂。

請注意，心胸寬闊並不代表你得放棄自己的原則，你還是可以保持堅定立場，劃清底線，並直言不諱。聖雄甘地、納爾遜．曼德拉和達賴喇嘛在與對手對抗時，都是以保持寬廣的心胸、有效達成目標而聞名。

敞開心扉接納所有人

告訴自己，你會保持開放、寬廣的心胸，不會將他人排除在自己的關懷圈之外，並且永遠

不會將他人列為「拒絕往來戶」。

當你想將某人從心中排除的時候，留意你在生理上、情感上和思想上會有什麼感覺，同時注意大腦心智直覺反應，是不是會為了你的舉動而提出各種辯護和理由，並問問自己：這些是事實嗎？有必要如此嗎？這麼做符合我心中理想自我的標準嗎？也別忘了你或其他人因為這個人所遭受的任何痛苦，並理解整件事的前因後果。

接下來問自己，這個難搞的人的確帶來很多痛苦，你是否有辦法保護自己，同時又不必將之逐出心門呢？例如，以下幾點可能有幫助：

- 在身體上或情感上保持一定的距離。
- 設立明確的界限，例如，若對方明顯喝醉酒時，拒絕與之對話。
- 向朋友抱怨，傾訴內心的煩惱，以便釋放這些負面情緒。
- 與這個難搞的人對話，即使只是為了證明自己已經盡了最大的努力。
- 提醒自己，就算你再也不想見到這個人，還是可以有簡單而發自內心的人情味。

然後，如果你願意的話，不妨試著重新打開心房，接納那些你曾經排除在心外的人，你們的行為或關係本質可能並不會改變，但是，你自己的感受會有所不同，你會覺得更好。

「我們」與「他們」

現在，我們來更廣泛地探討心胸寬廣的概念。幾百萬年來，人類祖先為了求生存，會關心自己所屬的部落（我們），同時也對部落外的人（他們）戒慎恐懼並加以攻擊，這種現象存在了很長一段時間。然後，在過去的一萬年間，隨著農業生產帶來糧食的豐餘，使更多人類得以生存，也使這種部落主義的規模變得更龐大，因此，大多數人都很容易受到久遠之前的仇恨和報復心理的影響。而如今社交媒體的興起，更容易傳播和煽動這些情緒。

這種思維模式不僅只出現在政治領域，你會發現人們也會在心裡快速區分「和我相同」與「和我不同」的兩個群體，你可以在八卦的辦公室裡或家庭的矛盾中看到這類問題。不管是團體內或團體外的人，他們對他人不屑一顧，輕率地轉身離開。當你堅持自己的立場和身分時，你會發現自己很快將別人簡化為平面人物，而不是一個多面向的個體，即使那個人是你心愛的伴侶。

這種把別人貶為「他們」的過程，是受到偏見和歧視等廣泛力量的影響，有著漫長而痛苦的歷史，持續被體制化並實行至今，也許是女性在職場面臨升遷發展的阻礙，或是年輕黑人男子行走於人行道時聽到車門鎖上的聲音。

無論事大事小，你可能都知道被「當成異己」排除在外是什麼感覺。被忽略、輕視、利用、攻擊或遺棄，這種感覺一點也不好受。

從另一角度來說，**將他人「納入我們」**，就是看到彼此的共同點：認清我們所有人都渴望快樂、害怕痛苦，我們都會遭受苦難、死亡，每個人最終都會和自己所珍愛的一切和所有的人分離。當你認清人與人之間更深層的共同點時，就會放鬆身體上的戒備和緊張，也能更清楚了解他人，更有效地與之互動，即使是對那些你強烈反對的人亦然。當你不再感覺受到無端的威脅時，也就不太可能對自己加諸無謂的壓力。

在你的日常生活中，留意自己與他人之間的相似之處。比方說，當你看到一個不認識的人時，花一點時間仔細看看他們、感受他們的存在：是啊，他們跟我很像……跟我一樣都會覺得心疼……也跟我一樣都很愛自己的孩子……也都感受過喜悅和悲傷。嘗試這項練習，特別針對那些看似與你截然不同的人，和你可能不信任、害怕或不喜歡的人。同時，留意自己心裡的感受，可能會帶來心靈開放和平靜的感覺。

你可以想像一個屬於「我們」的圈子，包含了你和其他跟你明顯相似的人。然後逐漸擴大這個圈子，納入更多的人，這些人乍看之下和你不同，但你可以找出與他們相似之處（例如，你跟我一樣，都渴望快樂）。隨後再繼續擴大這個圈子，納入傷害過你或別人的那些人，深知你不必認同他們的行為，也能認清彼此有同樣的心。這需要時間和耐心，以慈悲心對待自己和他人，只有在你真正感覺對的時候才進一步擴大這個圈子。在這過程中，關注自己內心的柔軟變化，放下防禦和自以為是的心態，拓展視角，享受其間帶來的平靜和寬容。

透過這種方式，我們可以在彼此之間建立橋梁，拓展生活圈，過著和平安樂的美好人生。

練習 19

愛無處不在，就像呼吸一樣自然

各種形式的愛就像空氣一樣，或許難以察覺，但確實在你內心和周遭存在著。在日常生活中，人與人之間的互助和慷慨大方的行為經常發生，即使是在陌生人之間也是如此。許多科學家相信，愛——廣義而言包括同理心、友誼、無私付出、浪漫、仁慈和善良——是過去幾百萬年來大腦進化的主要驅動力。

人類大腦在沒有壓力、疼痛或威脅的情況下，處於安定的基本狀態，會更能感受到愛。然而，人們也很容易被一些小事干擾而離開這種安定狀態，例如，在公司會議上聽到批評，或是晚餐桌上看到對方皺眉，你的心情可能就會開始浮動，甚或陷入恐懼或憤怒，久而久之，你習慣了失去愛的感受，以為生活中本來就不會有愛，就好像忘記了，其實只要深呼吸，就可以盡情享受豐富的空氣。

重新找回愛吧！你可以認清並堅信自己心中的愛，即使在你必須對他人表達堅定的立場時，這份愛也能給予你力量和保護。你也可以認清並堅信他人的愛，即使並不容易察覺，或是表達方式有問題。你可以相信愛就像空氣一般無處不在，相信表達愛就像呼吸一樣自然。

凡事從愛的角度出發，練習相信愛

深呼吸，注意到空氣的存在，是多麼地值得信任，深刻體會可以依賴空氣的那種感覺。

然後，想想一個愛你的人，感受這份愛的存在。套用心理學家約翰．威爾伍德（John Welwood）的話來說，即使是一份完美的愛傳遞給一個不完美的人，也能感覺到愛真實存在。

深信這個人對你的愛，是否讓你感覺到呼吸和身體正在放鬆呢？你能感覺到你的思緒冷靜下來、情緒有所改善，也能夠向別人敞開心扉嗎？讓這種感覺深植內心，相信愛是美好的，能夠為你注入能量。接下來，再試著想想其他愛你的人。

回想你愛的某個人，感受你的愛的真實性，意識到自己正在付出愛，深刻體會到認識和信任自己的愛帶來的益處。接著，試著將這個練習擴展到其他你所愛的人身上。

在日常生活中保持開放心態，在不同情況下展現愛心。問一問自己：做為一個有愛心的人，在這種情況下什麼是重要的？相信愛的力量，正確的作法應該是什麼呢？請記住，你可以堅定自己的立場，同時也保持內心的愛，表達你的其他心意，例如，同理心、公平的機會、善意。

如果你需要表達明確的立場，不妨從愛的角度出發，看看會發生什麼事？

讓愛自由流動

我在二十幾歲的時候，接受了羅夫（Rolfng）身體結構整合療法，這種深度組織按摩有時可以釋放被壓抑的情感，我緊張地期待著第五次的療程，這次的治療會深入到腹部。出乎意料的是，治療過程中釋放出的不是大量被壓抑的痛苦，而是愛。源源不斷的愛湧現出來，這些都是因為我的尷尬、對親密關係的恐懼，以及和母親的關係問題，而被壓抑了很長一段時間。

讓愛自由流動的感覺太棒了，當愛流動於身體時，能夠滋養心靈，並療癒身心創傷。事實上，缺乏愛所造成的傷痛，有時可以透過給予愛而得到撫慰，甚至療癒效果。

愛是所有人內心自然湧現的力量，不需要被推動或泵送，只需要釋放出來。如果愛被壓抑，就會帶來痛苦。在你重要的人際關係中，有沒有任何地方使你在壓抑或淡化你的愛呢？

將愛放在最優先的位置

許多年前，我當時的情人做了一些令我震驚且傷心的事，我不想多做說明，但是真的很嚴重。經歷了一些情緒反應之後——什麼！你怎麼可以這樣對我？你在跟我開玩笑吧！——我稍微冷靜了下來，做了一個選擇。

這段關係對我來說很重要，我看得出來她心裡最在乎的都是她自己，而不是我。我發現自己可以明白地告訴她，我們的關係岌岌可危……但還是選擇愛她，保持這段關係。考慮到所有情況，我感覺這樣做是最自在、最堅強、最有尊嚴的選擇。

令我驚訝的是，愛反而保護了我，並給予我力量，而不是讓我變成被踐踏或出氣的對象。愛使我避免了爭吵和衝突，並讓我感受到自我的價值。我很好奇她最終會做什麼決定，但奇怪的是，我並不是真的很在乎。我感到被愛滋養和支撐的力量，而她要怎麼做不是我能控制的。我不再試圖改變她，而是開始關注自己的愛，這使事情逐漸改善。

愛，關乎我們自己對愛的付出，而不是對方是否值得被愛。指望別人愛你有時可能會令人感到沮喪，但是沒有人能阻止你找尋並感受自己心中的愛。你可以選擇「隨心所欲地愛」，在自己能真心付出的範圍中最大限度地表達愛意。一段關係無論在任何時刻，都可以自由選擇付出的程度。

愛從來就不是虛假的，你感受到的愛是真實的。事實上，選擇去愛會得到雙重的回報：喚起自己的愛意就是積極主動的付出，隨後將會湧現更多的愛。

讓愛存在於你的每一個人際關係中，讓愛存在於你們的相互理解、相互影響中……同時也要關心和滿足自己的需求。只要將愛放在首位，其他一切就能迎刃而解。

如果你陷入了一個非常糟糕的情況，也許是長期的健康問題或痛苦的損失，當你覺得自己無能為力時，該怎麼辦呢？你還是可以找一個人去愛。

看到別人內心的愛

無論他人內心浮動、恐懼或憤怒如何掩蓋一切，你還是可以試圖去感受他們心中的愛，就像透過樹林看到遠處的營火一樣。每個人都想要和平穩定的關係，渴望愛人和被愛。你在面對棘手的人際關係時，如果持續關懷對方內心深處愛的能力和渴望（即使被壓抑在心底），你們的關係會變怎麼樣呢？請注意，你可以感受他人心中的愛，同時也能直接、明確地表達自己的權利和需求。

相信愛並不代表認定別人一定會愛你，而是堅信每個人內在都有愛的本質，也對自身愛的力量深具信心，相信自己會受到保護並且感化他人。

因愛而生

愛是生命的動力。愛是一股流動的力量、一種泉源、一股上升氣流，存在於身體中、帶領著你前進。善良、仁慈和其他形式的愛可以成為你生命的核心動力。在冥想和日常活動中，試著感受你正在吸入愛、呼出愛，你甚至可能感受到愛在你呼吸時的氣息……也許靜靜地想著：愛在心中流動……愛在周遭散發……

如果今天你在初次與他人接觸時，以愛為依歸，你會是怎樣的人、做些什麼事、用什麼態度說話？如果你在每一週、每一年都能以愛為指引，你的生活又會有什麼改變？

愛引領我們找到歸屬。

Part Three

與每個人和平相處

練習 20

這並不是針對你，不要太放在心上

想像一下，一條平靜的河流，你和朋友坐在一艘獨木舟上，你們穿著漂亮的衣服，享受著週日的野餐時光。突然間，獨木舟旁發出一聲巨響，被撞翻了。水很冷，你們掙扎慌亂地浮出水面。這時你看到了什麼？有兩個青少年正在嘲笑你們，因為他們悄悄地靠近，將你們撞翻到河裡。此刻你心裡做何感想？

現在，再想像同樣的場景：你的朋友和獨木舟、漂亮的衣服和野餐，突然聽到一聲巨響，你們掉入冰冷的河水中，慌亂地浮出水面時，看到了什麼？這一次，是潛藏在水底的一根大木頭撞翻了獨木舟。此刻你心裡又在想什麼？

在這兩種情境下，你心中的感受有何不同？

在第二個情境中，震驚、冰冷的河水和掃興的野餐經驗，都與第一個情境相同——但是你不會覺得自己被針對了。你或許會感到緊張和煩躁，但是不會太往心裡去，只會覺得不幸碰上這種情況，就好好處理，從中學到教訓就好了，你不會去抱怨那根大木頭。

我們生活中碰到的大多數人，你可以把他們當作第二個情境中的木頭，他們的所作所為可能是受到個人經驗和社會文化的影響，不全都是因為你個人。你能做的或許只有調適你自己的心情，只要不太過在意，就會減少許多受傷、痛苦的感覺，也能更有效地因應突發狀況。

舉例來說，我在洛杉磯長大，開車很有經驗了，也有良好的安全駕駛紀錄。我的妻子珍開車太過於小心謹慎，因此每次上高速公路總是寧可由我來開車。我通常都是保持安全距離，穩定行駛，但她的手還是會緊握著座位門邊的把手，腳踩著想像的煞車踏板，同時驚聲尖叫要我減速慢行。

我覺得她是在針對我。

我的父母人都很好，但在各方面還是很愛挑剔。我是跟我父親學開車的，他相當嚴肅。因此，事隔多年，我很容易覺得自己受到冤枉和無謂指責，包括開車這件事。

在多次與妻子爭吵後（這些爭執從來沒有好結果），我開始思考這個問題。我開車真的很危險嗎？不會啊。我必須相信她所說的話嗎？也不必。但是，我能理解她嗎？當然可以。她是我愛的人，我不想為了提早五分鐘到達目的地而讓她氣惱。她這種反應的背後是不是有一些因素**與我個人無關**呢，比如，缺乏高速公路駕駛經驗、視力不太好，以及脊椎容易受傷，必須盡量避免任何事故？絕對是的！換句話說，我能不能更客觀地看待事情，只專注於如何改善我們的狀況呢？這些反思讓我在她跟我同車時開慢一點，我自己一個人開車時則無所謂，而這麼做對我們兩人的關係確實有所改善。

發生衝突的時候，練習不要太放在心上

將注意力放在自己身上

當我們疲倦、壓力大或飢餓時，很容易就覺得自己被冤枉或受冒犯了。然而，**只要你將注意力放在自己身上，而不是設想對方為什麼要這樣，就不會認為自己被針對**。只要採取一些簡單的行動，如充足的睡眠，每天找一些令你喜悅的事，都能帶來很大的改變，不會總覺得別人的每個行動都是針對你個人。

尤其，我們天生渴望受到他人關注和欣賞，這種需求在童年時期非常強烈，如果你的父母、兄弟姊妹和其他孩子未能滿足這些「社交需求」，你會感到內心十分空虛（我自己也經歷過這種情況）。成年之後，你可能會更容易感到被誤解、被冷落或被輕視。也許對方真的對你不好，但你很容易對此反應過度，痛苦地覺得一切都是針對自己。

你可以刻意找出你被人關心著和重視著的經驗。漸漸地，神經元與神經元之間的連結得到強化，真的可以填補你內心的空虛。當他人對你造成影響時，你會感覺心中好像有個巨大的避震器。別人還是照樣我行我素，但現在你會明白，問題主要是在別人身上，與你個人無關。

你是否預設了對方的動機？

心理學指出一個重要概念，我們經常會預設某些人「果然」就是這樣的人，像是滿懷敵意或惡意傷人的人。有時候，這些預設可能是錯誤的、誇大的，或只是更廣泛脈絡下的一部分。

想想最近與某人發生過的不愉快事件，或是比較麻煩的人際關係，你不自覺地預設對方「果然」是怎樣的人？是否曾把過去別人對待你的方式「轉移」到這個人身上，例如，覺得他們就像你的母親或父親，或是像以前碰過的一些可怕的教練或老闆等等？

有一個很簡單卻有效的練習，我們可以在紙上畫出兩個欄位，左欄列出一些預設對方有何特質的關鍵問題，右欄則針對每個問題列出不完全屬實的地方。比如說，我可能會列出我妻子在我開車時「很霸道」，很像老愛挑我毛病的父親。然後在右欄寫下她其實只是感到害怕，平常她都是一個溫馨和感恩的人。

我們預設他人的想法或行為通常是不經思考、武斷的，而且潛藏在腦海中。意識到這點就能釋放自己，你可以判斷哪些是實際的，哪些並不是真實的。

我們常常會預設他人的意圖，包括動機、價值觀和目標，而做出強烈反應，就像孩子們互相吼叫：「你是故意的！」但大多時候，我們只是在他人的劇本中扮演著小角色，正好碰上他們心情不好的一天罷了。即使對方的行為有其意圖，或許只是他們一時的反應，並不是刻意要針對或傷害你，很有可能是對你的一番好意。因此，不確定對方是故意的情況下，嘗試對自己說出以下這些話：

- 在一切的表象之下，你的動機基本上都是善良的。
- 你的行為表現有很大的問題，是因為你的內心深處渴望＿＿＿＿。
- 你受到刺激、情緒波動，行為確實很糟糕，但這並不是因為你刻意想要傷害我。
- 嗯，我誤解了你的意思和說這些話的動機，但我可以理解你對＿＿＿＿是一番好意。
- 當你感到焦慮時，確實會變得控制欲很強，但我可以理解這是出於你的恐懼，而不是對我的批評。而且，大多時候你並不是這麼焦慮的。

面對傷害，知道自己該怎麼做

不要把事情太放在心上，並不代表要容許自己被虐待或傷害。有時候，有人會刻意針對你，甚至可能是社會上對某些族群的偏見和歧視造成的結果。身為一個符合性別認同、異性戀、白人男性，我很幸運地逃脫遭受歧視和不公平的對待。不過，我也跟你一樣，曾經遭受過誣陷、欺騙、掠奪和背叛。這是真實存在的，很痛苦，令人害怕，卻是你必須處理的問題。

正如我們探討的，你可以對自己充滿同情心，找到內心平靜的力量，並知道自己的價值，不受他人影響。比如，如果你在工作會議上受到不公平的指謫，你可以刻意尋找一些反面的經驗，像是回想那些讚揚過你的人，也可以尋求朋友的支持和建議。你也可以仔細思考別人的動機和內在情感因素，形成自己的看法，對發生事情的嚴重性做出個人判斷，看是輕微的冒犯，還是破壞性的傷害。你可以選擇與對方溝通，參考本書第四部和第五部提出的建議。

無論你是否要與對方溝通，你都會知道自己從現在開始該怎麼做才好。你可以用更客觀、更全面的角度看待事件，同時自我保護，追求自己的目標。也許你決定多花些時間在別的友誼、結束一段愛情、找別的工作換個老闆，或是認清對方的為人後敬而遠之。

當你知道自己該怎麼做時，就會感到平靜和專注。回想本章一開始的話題，你將能夠應對掉入水中的情況，更加警惕未來可能會遇到的木頭（困境），甚至可以選擇不同的河流——同時不會太自尋煩惱。

練習 21

放下情緒，擺脫腦內的小劇場

有時候，我們會陷入對他人的敵意、怨恨，甚至報復性的想法和情緒中。就像我們在腦海中與對方交戰，不是真的炸彈或導彈，而是長期衝突累積的憤怒，可能是同事之間為一項計畫爭論不休、情侶逐漸走向分手，或是離婚的父母持續為假期之類的事爭吵。彼此可能處於相敬如冰、冷漠以對、沉默憤怒的冷戰狀態。在我內心與其他人發生的糾葛中，我會一再回顧過去發生的事，想像如果有機會的話，我到底會說些什麼，並希望有人能為我辯護。我內心不斷地掙扎，但其實只是在傷害自己。

我十六歲的時候，在太平洋海岸的一個夏令營工作，有時我們會輕裝浮潛於海藻林中。有一次，我不小心游進一片海藻叢，以為另一邊是清澈的水域，但卻只見更濃密的海藻、略帶橘色的厚葉，和從海床上延伸出來又長又堅實的藤蔓。我被困住了，氧氣即將用盡，我開始感到恐慌。我與海藻搏鬥、不斷掙扎著，卻只是讓海藻把我纏得更緊。潛水面罩卡在我喉嚨附近，呼吸管從我的嘴裡被扯走了，也失掉了一隻腳蹼。不知過了多久，我突然清醒過來，這才結束了我與海藻的戰爭。我慢慢地從海藻中解脫出來，而不是繼續與它搏鬥，我努力向上爬升，終於清除了海藻，看到頭頂上明亮的銀色海面，最後浮出水面，呼吸到寶貴的空氣。

我們當然需要為自己挺身而出，處理困難重重的事，但是，如果我們當下的情緒是憤怒的，就會像被海藻纏住的泳客一樣，對自身或他人都不好。在自己腦中進行戰爭的感覺很糟糕，充滿了煩躁和恐懼，身體會感到緊繃，積累的壓力逐漸造成身體損傷，看法和信念會產生偏見和防禦心，對事情反應變得過度激烈，這一切都可能促使別人與你爭吵，造成惡性循環。

修補彼此的關係，練習平息自己內心的紛爭

找出一個你與某人可能存在的任何緊張或衝突，不管是目前的矛盾，還是發生在過去，只要一想起來就令你感到生氣的人。

為什麼陷入糾結？分析自己的內心

無論對方做了什麼不好的事，甚至是多麼糟糕的事，試著察覺你是不是加進了一些心理因素，而讓自己陷入內心交戰中：

・是否是任何心境造成的，例如覺得自己才是對的、自以為了不起或優越感等等？如果是的話，請自問，為了滿足這些感覺所付出的代價是否值得？

・你的反應是不是為了掩飾更脆弱的內心，如痛苦或悲傷？如果是的話，試著用同理心探索這些潛在的感受，接受它們，讓它們自然流動，慢慢減少被憤怒淹沒的情緒。

・持續內心的交戰會讓你覺得有資格對他人有所要求（例如，現在是他們「欠」你的）？如果是這樣的話，想一想你的權利和需求是不是本身就很合理，而不需要你對別人提出額外要求來證明呢？想像一下，你勇敢表達自己的權利和需求，而不是將之與你對他人的不滿抱怨混為一談。

打破熟悉的行為模式，不讓相同的劇本重演

細想你處理衝突的方法是如何受到個人成長背景和生活經驗影響。在我的家庭中，我的父母經常為同樣的問題爭吵不斷，所以我從小就缺乏解決衝突的榜樣（這也是本書關注的主題之一），直到我離家之後，參與人類潛能運動，接觸臨床心理學之後，我才開始學習如何解決衝突、修補關係。有些家庭可能透過某個人的強勢主導來解決問題，而那些被迫讓步的人可能表面上是順從的，內心或許充滿怨懟。類似的互動模式也可能發生在孩子的童年時期（例如我曾經害怕學校的霸凌者），隨著時間發展，也發生在其他成年人之間。

這些相處模式也會被內化，包含與他人互動時的行為（不斷爭吵卻無法解決問題？變得咄

咄逼人？為了維持和諧關係而妥協？），以及我們內心的感受。當你意識到自己可能在重演熟悉的「劇本」時，可能會感到尷尬或沮喪。這時你可以提醒自己，人們天生就會從經驗中學習，至少你已經願意坦誠面對自己了，這可是更高的境界。

光是意識到自己在重演同樣的爭執場景，就已經能夠減少它們對你的影響力。改變這些習慣需要時間，你可能會發現自己還是在說著非常熟悉的話——就像之前我多次犯了同樣的錯誤而不自覺：哎呀，我對孩子們的口吻，聽起來又像我爸爸了。但漸漸地，你將能夠跳脫舊有的模式，並採取反應不那麼激烈、更有效的方式來處理與他人的問題。

維持心境平和，帶來更大的力量

試試這個簡單的練習（可根據自身需求修改）：在紙上畫一條線，分成兩欄，左欄標題為「平靜的力量」，右欄標題為「內心交戰」。然後在各欄位列出每種狀態的想法、感受和目標。比方說，左欄可能包括「冷靜、看到全局、耐心、不受小事干擾情緒」，而右欄可能包括「心跳加速、想讓對方付出代價、執著於一件事、非常不快樂、反覆思考、壓力、緊張」等。

然後，靜下心來思考兩件事。首先，你可以在捍衛自己權益的同時，仍保有內心的平靜（後續篇章會提供建議作法）。即使別人與你發生衝突，你還是可以心平氣和，不受影響！沒必要讓這些爭執在自己內心繼續煎熬，也不要被固執和負面情緒影響到自己，千萬不要被他人想法和情感左右。你可以仔細想一想，他們的思緒背後的神經系統是非常騷亂的：瞬間神經元集合是極其複雜、強而有力的，大部份是隨意的，不斷地翻騰，然後形成一種連貫性，接著又變得成混亂，再重新連貫。

因他人的想法而生氣，就像被瀑布水花濺到身上而生氣一樣，是沒有意義的。試著讓自己不受他人想法的影響，告訴自己：他們在那邊，而我在這邊……他們心裡怎麼想都與我無關。你周遭有哪些人在面對他人的敵意時，仍然可以冷靜、堅持自己的心，若是他們處於你現在的情況，可能會有什麼看法和感受？這麼一想，你或許就可以從他們身上汲取力量和靈感。

其次，當我們內心陷入交戰時，不僅對自己造成沉重的負擔，還會影響到身邊無辜的人，例如孩子們。我自己過去犯下的錯誤，大部分都是因為我陷入某種內心交戰而造成的。對你和他人來說，什麼才是最值得的呢？**也許讓對方獲得小小的勝利，反倒能迎來更大的幸福感！**我們應該衷心做出選擇，讓自己的心境更平和。

我們可以認清自己內心的糾結，而不是受到他人的控訴、立場、威脅和指責影響。外在的世界也許不會改變，但是，如果你能夠平息自己內心的紛爭，你會感覺更好，表現得更好，這樣做可能也有助世界變得更美好。

練習 22 接受他們原本的樣子，你也獲得了自由

我承認，我希望有些人能有所改變，希望他們能夠停止某些行為，比如老是忘了把廚房櫥櫃的門關上、寄垃圾郵件給我，或是對全球暖化視而不見。我也希望他們能夠做出一些改變，比如更友善一點、更樂於助人，即使這些行為對我本人並沒有直接影響，為了他們好，我還是希望我關心的人更有活力、不那麼焦慮，或是別再批評自己了。

你希望別人做出哪些改變？想想你身邊的人、同事、鄰居，甚至是在高速公路上開車的人。希望別人變得更符合我們的期望，這種想法本身很正常，就像我們也會希望自己能夠變得更好一樣（比如更有錢或更聰明）。我們可以嘗試用一些方式來影響他人，但是當我們開始挑剔、責罵、輕視，或挑起任何形式的衝突時，就很容易產生問題。倒不如接受他們的存在，接受他們原本的樣子，而不是指望他們為你改變。

接受是指不論真相如何，都必須「面對」現實的存在，即使有些真相令人難以承受，好比每天有許多孩子挨餓、父母親都不在人世了、我發脾氣傷害了別人……雖然不想面對，但這些事就是存在。**事實就是事實，我們可以在接受現實的同時，盡可能努力嘗試改善現狀**。接受使我們看清真相，然後快樂或傷痕的修補才能持久有效。

接受他人並不等於表示贊同、喜歡他們，或忽視他們對你造成的影響，你還是可以採取適當的行動。你只是在接受真正的對方。你或許並不喜歡，也可能不希望如此，或是為此感到難過或憤怒，但是，在更深層次上，你接受了現實就是如此，這種心境本身就是一種福氣。有時候，你選擇接受的態度甚至可能為修補關係創造了一些機會和空間。

練習接受，感受全心接受一個人的愉悅

想要了解接受到底是什麼感覺，不妨從簡單、直接、又明顯的體驗開始，比如呼吸。深呼吸幾口，專注於感覺呼吸當下的狀態，試著在腦海裡輕聲說出這些話：我接受胸膛的這種上下起伏……氣息的流動進出……我接受呼吸的存在……我接受此刻正在呼吸的事實……。試著更進一步：我接受身體需要空氣的事實……我接受我需要呼吸的事實。

接受是什麼感覺？有哪些令人愉悅的地方，或對你有什麼意義呢？

接受難以接受的事

現在試著針對難以接受的事情，從比較輕微或不太嚴重的問題開始。例如：我真不敢相信有些人在開車時不打方向燈……我不喜歡室友洗碗的方式……我希望我的另一半不要那麼理性，多多表達他們的感受。

然後，就跟上述呼吸感受練習一樣，試著以接納的態度來面對這個事實，將此事實填入空白處，對自己說一些類似的話：＿＿＿＿確實如此；我明白＿＿＿＿；我接受＿＿＿＿的事實；我衷心希望＿＿＿＿不是這樣，但事實就是如此；我放棄關於＿＿＿＿的想法；我接受＿＿＿＿。看看你是否能夠不再抗拒事實真相，以開放的心態面對現實。

可能會遇到一些阻礙

當你試著去接受他人時，可能會遇到兩種常見的阻礙。

第一個阻礙是如果你真正明白某人個性就是那樣，不太可能改變，就要避免失望甚至絕望的感覺。當失望、絕望的情緒浮現出來，下意識必然會有一點痛苦，要提醒自己去容忍這些感覺，同時更徹底地接受對方的真實現狀。

第二個阻礙是試圖去強求一件根本不可能實現的事。例如，有些人永遠不會承認自己做的事，或給予你渴望的愛，再怎麼要求對方也難以如你所願。雖然面對事實很不好受，但我們必須學會接受。

在你經歷一些無可避免的挫折和失落之後，不要放棄，可以把精力放在可以獲得更多幫助、更可能成功的地方。

全心全意接受一個人

找出一個對自己很重要的人（這個練習也適用於多個人），然後在腦海中、大聲說出或寫下以下這些話，看看你的感受如何：我完全接受你……無數個大大小小的因素，造就了你現在的想法、言語和行為……你就是你……我不會試圖去改變你……你是真實的，而我接受我生命中的各種真實……你和我都是整個世界的一部分，就是如此，我也接受這個事實。

如果你願意，不妨更具體地列舉此人讓你感到困擾的特質，比如：我接受你打鼾……總是遲到……把衣服亂丟在地板上……還在生我的氣……對性事沒有太大的興趣……在這次離婚中與我針鋒相對……真的不了解我。

想一想你是如何糾結於對方的問題當中，並試圖改變他們。當我反思這一點時，我開始意識到自己強勢、易怒和痛苦的那一面。**試著放下一些個人的執念，甚至全部。當你這麼做時，便能打開心扉，享受放下包袱的輕鬆和平靜**。

當你感受到自己被他人完全包容和接受時，你有多麼喜歡這種感覺，這是一份美麗的禮物——當我們接納他人時，也可以將這份禮物送給對方。如果對方感受到你的全然接納，對彼此的關係會有多大的改善啊！接納，是一份有所回饋的禮物。

人們很容易接受美麗的日落、珍貴的獎牌，和溫暖的笑容。難以接受的是那些困難之事。因此，學會放下與現實抗爭的想法，珍惜隨之而來的平和感，這是很重要的。

在面對現實真相時，即使可能什麼也做不了，你還是可以盡自己所能去做，這樣通常可以緩解與他人之間的矛盾衝突。在某個時刻，你心中可能會感到一陣舒緩、柔軟和清晰，經過長時間的掙扎，獲得了真實的自由。

練習 23 放輕鬆，你終究會被批評的

這章標題有點玩笑意味。我的意思是，我們可能浪費太多時間在擔心被批評上面。當然，凡事要盡力而為、做到最好、遵守約定等等，但是遲早會有人指出你的錯誤，通常是含蓄的表達，但隱含著批評的意味，例如在你並不需要的時候提出建議、幫助或指導，對你提出糾正，或將你與他人作比較。

換句話說，批評指教是不可避免的。我們又不是機器人或大蟲子，受到批評自然會感到不舒服，有時還會覺得受傷。不論批評多麼有建設性，負面情緒都是難免的，我們同時還會自我折磨來增加痛苦，這種「額外的痛苦」是自己造成的。對方或許早已釋懷，而你卻還在心中不斷回想這些批評。

當我們因為擔心未來可能受到批評而緊張不安，或是因害怕指責而退縮不前，我們也對自

己造成不必要的痛苦，更何況，很多時候那些責難根本不會發生！

我們往往會把自己童年或年輕時期的經驗轉移到成年後，也許你當時真的經歷過很多苛責，但如今你的社交環境可能已經有所不同（但願你周遭不全是那麼挑剔的人）。就我個人而言，我已經浪費了太多時間在預防一些根本不太可能發生的羞辱攻擊。

即使受到了批評，真的會是你擔心的可怕經歷嗎？通常不會。你可以順其自然，汲取有益的部分，對提出批判的人形成自己的看法，從中學習，然後繼續前進。

練習放眼未來，走出被批評的泥淖

遭受批評指責時，不妨靜下心來，仔細思考和理解這些批評的內容。有些批評可能很具體和明確，但大部分是含糊不清、讓人困惑或誇大的。在試圖理解這些批評的同時，你可以想想那些關心你的人，回想自己做的許多好事和優點，你會更堅定自信一些。

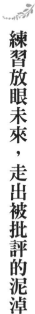

一旦你清楚理解了指責的內容，就可以自行決定如何處理。有些批評或許是因為對方對事實的認知有誤，或是沒有弄清楚事情的來龍去脈，所以完全是錯誤的。**你有權不認同這些批評，即使只是在心裡想著沒有表達出來。**

有些責難可能是因為你和對方的偏好或價值觀不同，例如，有的人希望關係更親密一些，而有的人則希望有更多的私人空間。如果你比另一半更喜歡獨處，這並不代表你很冷漠或拒絕對方，同樣的道理，你的伴侶也並非總是想控制你、讓你無法喘息才想一直黏在一起，這只是正常的想法差異。不妨以好奇心和同理心的態度與對方討論這個問題，而不是用批判的方式。

有時我們確實會做錯事，需要有技巧地改正，例如，有時候我確實車子開太快了，而我妻子說的沒錯，我應該減速慢行。但有些指責可能夾雜著強烈情緒、羞辱或人身攻擊。正如我們在練習11討論到的，將道德瑕疵和需要改進的問題分開來看是很有用的。你可以選擇反擊那些「無謂的負面情緒」，專注於接受批評中有建設性的部份，或是選擇忽略，只關注未來如何更有技巧地處理問題。

有時我們會做一些錯事，值得好好懊悔，如果可能的話就來彌補一下。問自己，若是有一位朋友犯了相同的錯，你會希望他們有多麼懊悔，然後回頭看自己可否也做到同樣的程度。

當你知道可以用這些方式處理任何責難時，就不會那麼沮喪了，也能更大方地接受批評指教，你不會覺得有必要防禦、拒絕或反擊批評你的人，也不必過於小心翼翼地避免問題，或是執著於詳細計畫以確保自己不犯任何錯誤。

最重要的是，被批評是人生中不可避免的一部分，會以各種不同形式和方式出現，我們應該認清並接受這個事實。我們生活的這個世界存在著更大的問題和更多的機遇，是時候走出被批評、自責的泥淖，而更自信、更勇敢地生活了。

練習 24

我對你好，只因為我想這麼做

社會心理學的一個基本概念是，各種關係最後通常會發展出一種穩定的平衡狀態，不太會改變，即使是充滿衝突和痛苦的關係亦然。

我在進行夫妻諮詢時，曾經看過很多這樣的情況，每個人都有自己對這段關係不滿意的地方，每個人都希望對方在某些方面能有所改變，每個人都很清楚自己的伴侶想要什麼。但他們全都被自己被困住了，伴侶A會對伴侶B說，「如果你改變了，我就會改變。」而B會回答：「當然！你先改變再說。」

我們通常會花很多時間思考別人該如何對我們更好，而不是思考自己該如何好好對待別人。若是發生重大衝突，這種情況會更加嚴重，我們彷彿成了指導別人該如何改進的專家。當然，對方也會有自己的改善清單。

雖然互相提出批評和要求是很正常的，但卻在關係中造成了僵局、惡性循環，和不斷升級加劇的問題，令人感到絕望。在情感上，就好像長期被困在傷痛和憤恨之中。

另一種選擇是我所謂的**單方面善意**（unilateral virtue），也就是一種不求回報的好意行為。這代表即使別人不這樣做，你也要遵循自己的標準，把百分之二十左右的注意力放在別人能夠改進的事情上，百分之八十則是關注你自己能有所改進的地方。也就是說，你有責任去處理對方的願望和各種抱怨，而這個責任是你可「合理承擔」的，更重要的是，可合理承擔的責任上限，是由你自己決定的。

起初你可能會覺得：唉，明明是他們不對，為什麼要我先妥協呢？但是，如果你能根據自己的最佳判斷，負責自己的行為和選擇，這對你來說是有許多好處的。你可以關注在你自己可以掌控的事上面（像是個人的行為感受），而不是那些你無法控制的事（例如他人的行為），你的感覺就不再那麼困惑和無助。

無論別人怎麼做，你都是選擇用更高的標準來修補關係，享受「無過失的幸福」，那種感覺多麼棒！

如果你能避免情緒激動，平心靜氣地解決問題，讓他們對你難以挑剔，久而久之，你在這段關係中就享有更強而有力的地位，你可以要求他們同樣回應你的需求和願望，甚至在必要時堅持你自己的立場。

單方面善意的練習方法

關鍵就在於：**把注意力集中在你可以做些什麼來修補人際關係**。在人生中，我們能夠「處理根本原因」，但是卻不能掌握結果，如同你可以為果樹澆水，但是你無法強迫它為你結出果實。把注意力從改變他人，轉移到下列改變自己的行動清單，會讓你感到掙脫了束縛。

選擇好的回應方式

這並不代表即使實際情況不好，你還得強顏歡笑，假裝一切都沒事。在任何時候，我們都有各種真實的方式可以回應他人，而單方面善意代表盡可能選擇高明的回應方式，例如，如果你和某人的關係很緊張，你可以維持禮貌，但保持冷靜、疏遠和客套。同時，你會完成自己的任務、遵守協定，並避免試圖要改變對方而陷入無意義的爭吵當中。

好好對待自己

想繼續走在更高層次的道路，請好好對待自己，包括本書第一部提到對自己更好一些的方式。留意那些會混亂你的思緒、導致情緒過度反應的事情，比如睡眠不足或喝酒過量。好好對待自己，對你和他人都有益，藉此保持積極的動力。

履行自己的責任

在紙上或腦海中，列出你在這段關係中應承擔的責任，根據情況，這些責任可能包括具體的事項，例如隔兩天洗一次碗、每週五下午四點前提交銷售報告。也可能是更全面或情感上的事項，例如專注於對話中、與姻親互動時支持他們。思考一下「關係任務」，例如，為彼此留出專屬時間、詢問對方對這件事的感受。你可以想像你身為父母、員工、年邁父母的成年子女、配偶、朋友，或是做一個好人的「工作職責」。雖然這聽起來好像有點過於制式，但是這麼做可以讓你保持客觀，只考慮你自己應盡的職責，不管他人是否履行他們的責任。

遵循自己的行為準則

每天晚上入睡前想一想，什麼會讓你有尊嚴？這就是你個人的行為準則。雖然有些似乎是很明顯的，但是在腦海中或紙上將其明確列出會很有幫助，可能包括以下事項：讓別人有平等發言的時間；不要在孩子面前盛氣凌人；不要一再強調自己的觀點；盡我所能提供幫助；遵守自己的承諾。回想你陷入衝突的時候：你希望自己當時採取什麼行動？

解決他人的抱怨

抱怨是正常的，我們大多數人都會對別人有所抱怨。在人際關係中，對方的抱怨通常很明顯，如果你不確定的話，可以問一下。了解他們的抱怨清單（甚或是願望清單），再想想你可以採取什麼合理行動，來解決其中一些、大部分，甚至於所有的問題。想像一下，逐漸解決他們的抱怨清單會是什麼結果，以及對你和這段關係會有多大的益處。

選擇更高的標準

「單方面善意」對你而言代表什麼意義？知道這點，生活中很多事就變得更清晰：**只要按照自己的定義，做好份內的事**。這看似簡單，其實並不容易，也可能會有人阻礙你，要在每一段關係做到單方面善意，還是非常具有挑戰性的。然而，只要每天走自己的路，總是可以找到平靜和自我價值。

當你堅持著自己的「單方面善意」時，經過一段時間之後（通常是幾個星期或幾個月，而不是幾年），你可以看看對方的反應，重新評估你們關係，並決定是否想進一步討論你的需求，和你在這段關係中想抱怨的事。而後你們的關係將會更加穩固，而且，你知道自己已經盡了最大的努力，心裡會很踏實。

Part Four

為自己挺身而出

練習 25

給社交恐懼的你，別人其實沒這麼在乎你

有時候，即便是你很熟悉的人際關係，互動時可能還是會讓你謹慎或緊張，這很正常，例如在公司會議上，如果有人不同意你的觀點，你可能會感到不安，擔心別人對你的看法：我是不是太過強勢了？我的上司欣賞我嗎？他們是不是認為我不太聰明？你那天晚上回到家後，假設你的青春期兒子像往常一樣沉默而易怒，你很想告訴他，這種冰冷的距離讓你感覺很糟糕，你想向他敞開心扉，但又覺得很尷尬，害怕情況變得更糟，而且你在成長過程中曾經表達內心真實感受，結果並不是很好，所以，你又再次保持沉默。

你的焦慮或恐懼不只發生在這些時候，像是對自己的外貌、公開演講、與權威人士交談，或跟不同類型的人相處等，都可能形成某種程度的社交焦慮。有時這些擔心是有道理的，有人可能真的想對你施壓、傷害你或利用你。安全感是每個人最基本的需求，因此，當你清楚發現

你們的互動有股無形的壓力時，妥善應對是很重要的。

然而，更多時候我們對他人的許多恐懼其實是毫無根據的，**別人根本不在乎我們在做什麼**，或是即使在乎，也只是一時的感覺而已。

如果你面臨真正的威脅，你可以堅定自信，就不會太感到焦慮。焦慮是我們反應時附加的情緒，有時是有幫助的，但通常會混淆我們的思維，加深痛苦，並加劇與他人的衝突。我們與他人相處時，有時可能太不當一回事，而有時又太過焦慮，而哪一種情況更常見呢？

答案是第二個。莫名的焦慮總是參雜在人生中，帶來苦澀的滋味。

練習放下莫名的焦慮，享受與人相處的自由感

焦慮可能會長期存在，變成一種難以擺脫的習慣。有些人甚至會「對不焦慮感到焦慮」，因為擔心這樣可能會放鬆警惕，而再次受傷害。最重要的是你要明白，你可以對各種社交壓力或突發狀況保持警覺並堅強面對，而這並不會成為你的困擾。

不必要的恐懼毫無意義也沒有價值。莫名的焦慮要付出的代價太大了，除了讓我們感覺不舒服之外，還會讓我們在與他人互動時表現得較為拘謹，不敢表達自己的真實感受，甚至變得防備心強或好鬥。因此，下定決心擺脫這些毫無價值的恐懼吧！

擺脫對紙老虎的恐懼

人們的大腦神經系統容易被警報操縱。人類祖先為了生存下來，大腦自然進化發展，變得傾向於高估威脅、低估機會，並且低估面對威脅和實現機會的資源，這在生死攸關的情況下有助生存，但是對於幸福和良好的人際關係來說並不理想。感受到不必要的焦慮不是我們的錯，然而，解決這個問題卻是我們的責任，也是我們的機會。

每當你感覺到某些事情對你造成威脅，比如，你認為如果你面對某人更脆弱、更情緒化或更自信時，可能會發生不好的事，不妨問自己：

- 我是否高估了這種威脅？
- 我是否低估了其中的機會？
- 我是否低估了善加利用此威脅的內在和外在資源？

像這樣先退一步了解自己的思維和情感，能夠立即幫助你減輕焦慮。

認清你的壓力源

想想你的人生經驗，特別是童年時期，你遇到過哪些威脅、恐懼甚至是創傷。你是如何學會應對威脅和管理焦慮情緒的？這些經驗教訓在當時可能有幫助，但現在卻像是深植於你體內的壓力源，扭曲你的感知，加速情緒失衡，驅使你衝動行事。花點時間列出你自己的「壓力源」清單。當你意識到它們的存在時，對你造成的影響力就會減少。你可以明智地對自己說：我已經不是中學生了……他不是我爸爸……他們在批評我，但算不上是可怕的攻擊……我雖然感覺好像被完全拒絕了，但事實上並非如此……這些受傷的感覺主要是舊的情感記憶，而不是當前的真實情況。

在腦中與不同交情的人練習說出感受

找出一個你知道很關心你的人，對自己說：我知道你不會打擊我。讓這句話變得有真實感，然後看你的感受如何。接著再對自己說一遍：就算你真的打擊了我，我整個人仍然好好的。將這個事實及伴隨的美好感覺牢記心中。你還可以說：當我和你在一起時，我能夠照顧好自己。同樣將此牢記心中。而且：即使你傷害了我，我心裡依然安好。最後一句是：我祝你順利。如果你在這個練習中遇到了任何困難，不妨找其他愛你的人再試試看。藉助我們之前探索過的平靜力量，試著讓自己到達一種境地，能夠認清事情的真實狀況，照顧好自己的需求，而不會增加不必要的焦慮。

接下來，腦中找一位朋友進行這個練習，然後再想一個與你的交情普通的人，最後再想一個對你來說很難搞的人。如果有什麼真正需要擔憂的事情，就隨它去吧。要不然，繼續放開心胸，接受他們真實的那一面，保持自我堅定。

嘗試在與他人積極互動時採用這種方法。你能夠和家人、朋友、一般人，或你覺得很難相處的人交談，而沒有任何不必要的擔憂、驚慌或不安嗎？當你感覺越來越有勇氣與他人互動時，就讓這種體驗深深地印在心中，逐漸穩定地成為自己生活的一部分。

享受這種練習帶來的自由感，越是輕鬆地與他人相處，你就會越有自信。當你不覺得害怕時，會變得多麼放鬆、有耐心、坦率，和樂於為他人付出關懷。

練習 26

在困境中，找到你的立足之地

我去過紐西蘭幾次，真的很喜歡這個地方，也對這裡充滿敬意。我在這裡學到了一個毛利語單字——tūrangawaewae，意思是「立足之地」——多年來，這個字對我來說一直有很深刻的意義。

我雖然不知道這個字完整的文化背景意涵，但基本上，我們顯然都需要一個立足之地。當然，這包括了實際的地方，例如家園、土地、海洋、舒適的床等等。同時，也包括心理或靈性的地方，比如被愛的感覺、內心深處的平靜、認清真相、同情心和道德觀、現實的計畫。

跟立足之地類似的概念是避風港：那些能夠提供庇護、滋養和啟發心靈的人事物，例如，一個人可能會在值得信賴的老師、智慧團體和一群善良的人中得到保護。

我們都需要一個立足之地，即使在最好的情況下亦然。然而挑戰接踵而至，也許你的伴侶剛剛對你大發雷霆，或是你發現某個同事在背後說你壞話，也許你正面臨著健康問題、財務困難或全球疫情。每當有任何事情使你感到震撼的時候，找到一個立足之地並堅定你的心，就顯得特別重要。

在立足之地練習繼續前進

尋找你當前的支柱

從自己的身體開始，感受到那種單純、無可否認的存在感。呼吸的感覺、腳踩在地上的感覺、靠在椅背上的感覺……。當你站立時，可以微微彎膝，感覺自己核心的穩定踏實。請注意你一直都存在這世上——這是傑出的兒科醫生和精神分析學家唐諾・溫尼考特（Donald Winnicott）所謂的基本需求，亦即從嬰兒時期開始就感受到、也知道自己一直存在。這似乎如此明顯，但卻令人深感安心。

這種一直都在的感覺有助你關注當下。無論過去發生什麼事、未來會怎樣，此刻一切的事實都是絕對真實的，無法從你身上奪走。把對未來的想法和恐懼，與當下的現實分開看待。現在的事實是什麼？可能有很多美好的事，你的大腦正在運轉，你可以思考、計畫，一切都正常運作，這份穩定感是值得你去信賴的。

即使有壓力和悲傷，但是並不影響你的身體運作，你可以確信，你的生存是沒問題的嗎？

大多時候，大多數人**當下基本上都是沒有問題的**。一遍又一遍地認清這個事實該有多麼平靜，彷彿一切焦慮都舒緩了下來，這是我所知道最有效的練習之一。

環顧四周，有什麼可以提供支持和可靠的事物嗎？具體實物，如椅子和牆壁、叉子和鉛筆、食物和水等。或是遠或近的人，朋友、家人、身心健康的專業人士、老師或其他智慧的人事物，這些都是你的支持者。我們已經習慣了身邊的好事，大腦往往會忽略它們的存在，因此，刻意去找回這些美好的人事物，然後，原先的焦躁不安，將轉化為安心和自信。

釐清所有問題

雖然你有了自己的立足之地或安心的避風港，還是需要確認事實是什麼，除非情況緊急，否則最好還是多花一點時間搞清楚究竟發生了什麼事，例如，對方到底說了什麼？在什麼情況下、用什麼語氣、用意是什麼？是否有其他人參與其中，以何種方式參與？還有哪些原因可能導致同樣的事一再發生，像是有人認為根本不必遵守與你的約定？

有些人可能不喜歡你一直追根究柢、想釐清事情的真相。或許有很多原因，例如，不想花時間談論這個問題、防禦心理、不想承認錯誤，或是有意隱瞞。如果對方習慣主導一切，不肯承認他們做了什麼，對你的質疑顧左右而言他，可能會導致你們的關係緊張。然而即使如此，你還是可以用開放的心胸去理解一切，同時對那些可能企圖混淆或威嚇你的人保持戒心。

我曾與不同的專業人士合作，像是水管工、電工、律師和醫生，有時他們會說某件事必須要優先考慮，他們都是出於好意，但在我看來並不合理，因此我會想了解更多資訊，我妻子可能會翻白眼，有時甚至專業人士也受不了我追問不停。儘管如此，我還是會禮貌地繼續詢問到沒有疑問為止。大多時候，他們會澄清我對某些事情的誤解，但也許在二十次中會有一次，我的問題會揭示出一些重要的事情。

當然，如果這個問題對你來說並不重要，而你也知道追根究柢會讓彼此關係付出一些代價，你覺得這樣很不值得，那麼你可以放手不追究。

如果你對某件事有種不尋常的感覺，那就相信自己的直覺吧。是的，我們通常無法找出每一個細節，但往往會對已發生過和可能再次發生的事有一定的直覺。

制定計畫

知道自己接下來要做什麼，即使只是下一步，也能感到平靜和穩定。這個計畫可以是簡單而具體的事，例如在冰箱上貼一個小日曆，記錄你們彼此的日程安排；或者是比較籠統但重大的事，像是決定逐漸疏遠一段關係，都可以有你的執行計畫。

計畫的目的是實現特定目標，對於這個人和這段關係，你最在意的是什麼？你的優先事項是什麼，相關價值觀是什麼？你關心什麼？你認為自己對他人和本身有什麼責任？總而言之，要先思考：**你的動機是什麼？**

在你試圖找到自己的立足之地時，以下幾點思考可能有所幫助：

- **你的個人實踐：**如何加強保護自己的健康福祉和功能？這是一切的基礎，也是你最能直接掌控的事。例如，你可以承諾每天多花一點時間冥想、關懷他人和表達感恩。這是一個很好的計畫！你也可以決定脫離那些不重要又有壓力的互動、人或社群媒體。
- **維護自己的利益：**你是否面臨任何立即的危險？可悲的事實是，家庭暴力在社會各階層中都司空見慣。如果你曾經或可能會遭受身體或心理上的虐待，標準建議是在你嘗試與對方解決之前，先與專業人士討論這個問題。或是若你在組織裡必須和一個平庸的主管或有敵意的同事打交道，你的計畫可能包括書面記錄你擔憂的問題、尋找盟友和導師，甚或跳槽另謀高就。重新審視你的健康情形、財務狀況，和因應緊急情況的準備，一開始你可能會覺得不知所措，但你可以列出合理的行動清單，再一天一天逐步解決。
- **針對他人的需求：**也許某位老師無法對你孩子的特定需求做出回應，因此你的計畫可能包括好好熬過這個學年，或試著換到別的班級。或是你母親中風了，你的計畫是為她找到更完善的居家護理。

在你的計畫和後續行動中，專注於你能掌控的事情，列出清單，逐步完成，有效的行動是無可替代的。根據我的臨床經驗，很多人都知道自己應該怎麼做，但就是沒有採取實際行動。不妨邁出一步，觀察四周，再邁出另一步，繼續前進。實際行動可以緩解焦慮感。

要知道你並不孤單，無論你正面對什麼事，舉凡與室友的爭吵、為孩子憂心，或是對國家深刻關切，此刻別人也正在面對類似的問題。你關心別人，而別人也關心著你。我們生活在層層交織的人際網絡中，即使在某些方面受到破壞，你還是可以安心地在自己的立足之地中，與其他人一起面對生活挑戰。

練習 27

你可以生氣，但不能什麼都不注意

憤怒是個棘手的問題。一方面，憤怒情緒讓我們感到不安、怨恨、受夠了、生氣或暴躁，但也因為這些情緒才得以提醒我們要面對真正的威脅和傷害，並激勵我們採取實際行動來糾正錯誤。

在我成長的家庭中，我父母經常表現出強烈的憤怒，因此，我壓抑了自己的情感，包括其他許多感受，而我花了很長一段時間，才重新找回內心的平衡，包括控制自己的憤怒情緒。

碰到不平等的事情，有特權的人或既得利益者可能會要求你不要過於激動，但其實你有充分的理由和權利感到憤怒。在任何情況下，你都可以對正在發生的事抱持自己的觀點，你可以自己判斷事情有多嚴重，看自己該不該生氣。

另一方面，憤怒會造成以下結果：

- 使我們感覺很糟糕，過了好久還是會影響情緒。
- 降低我們的注意力，使我們忽略了整體情況。
- 影響我們的判斷力，使我們衝動行事，可能有暴力行為。
- 製造並加劇與他人的衝突。

當你感覺被攻擊、挑釁或受委屈、失望時，憤怒似乎是合理的：我當然會生氣，是你把我惹毛的，都是你的錯。這種反應很誘人，通常伴隨著一陣多巴胺激增，令人感到愉悅。然而，生氣還是會傷到自己，長期抱著敵意對身體健康構成重大風險，如心血管疾病，古早佛教曾這麼比喻：「憤怒有甜蜜的尖頭，也有劇毒的刺」。發怒的時候也可以想想這句話：「怨恨就像自己服下毒藥，等待他人死亡。」

憤怒可以傷害別人，有時到頭來也會傷害到自己。負面情緒有四大類型：憤怒、恐懼、悲傷和羞恥，而憤怒通常對他人產生最大的影響。**只要你對某人大發雷霆一次，對方與你的關係可能就會永遠改變了**。我深切體會過那種遺憾，雙方可能會陷入抱怨和報復的惡性循環。

群體中也會發生類似的情況，例如兩個家庭甚或整個國家，因此而陷入對抗深淵。族群間通常會因為對另一個族群不滿，而形成共同的身分認同。縱觀歷史，許多領導人都利用這一點來鞏固自己的權力。那麼，該如何才能找到平衡，尊重自己表達憤怒不滿的權益，同時又不受其毒害，也不會在人際關係中引起不必要的麻煩呢？

練習在憤怒與表達內心間找到平衡

當我們生氣時，通常會經歷兩個階段，第一個階段是**初期的累積**，例如日益堆疊的疲勞、飢餓、疼痛、壓力、挫敗感、傷害或虐待。第二個階段則是**觸發因子**，可能是別人輕率的批評。初期的累積就像一堆柴火，而觸發因子就像是點燃這堆柴火的火花，燃起了熊熊烈火。

留心初期負面的累積

盡量留意初期各種不滿或壓力的累積，在負面情緒堆疊之前，就要即早妥善處理。你可以深呼吸、慢慢吐氣、看著窗外一分鐘、吃一點零食、想一些能令你平靜或愛的事物，或者尋找一種大家都能接受的情況，即使你可能不喜歡，但你並不會為此感到生氣。若不滿或壓力來自世界，你可以盡力改善自己的處境，像是關掉讓人煩躁的電視新聞節目，或者結束一通令你惱怒的電話。本書第五部將更深入討論解決人際關係中遇到的問題。

慢下來，多動動大腦

當負面情緒累積得越來越滿時，請慢下來，以免做出日後可能會後悔的言行。來自外界的信息，例如，在高速公路上突然被人超車，或是伴侶說了不屑一顧的話，在大腦中會由兩條軌道處理（總結複雜的過程）。第一條軌道快速穿過皮質下區域，例如杏仁核，會在不到一秒的時間內啟動神經激素壓力反應，使你立刻心跳加速，腎上腺素和皮質醇開始在血液中激增，恐懼和憤怒的情緒湧上心頭。在第二條軌道中，大腦前額葉區域開始啟動，想弄清楚發生了什麼事、這件事有多嚴重以及該如何因應。

前額葉皮質是一種很奇妙的生物裝置，但相對於皮質下區域來說，它的速度比較慢，皮質下區域驅使你衝動行事。**當你暫停幾秒鐘整理一下思緒時，前額葉皮質會趕上來，帶來對整個情況的全盤考量**、你的長期利益、他人的需求、不同的選擇，以及循序漸進的行動計畫。

傾聽憤怒真正傳達的訊息

無論你的憤怒是爆發出來的，或是潛藏在的煩躁底下，都在傳遞一些重要的訊息，你可以謹慎地表達憤怒之情，同時仍然開放心態探索這些情緒。

在憤怒時，你的身體有什麼感覺？對其他人有什麼樣的想法？帶來了什麼樣的情緒感受，比如，是否感到受到欺負或虐待？這種憤怒是否與過去的經歷相關？也許是某一段特定的關係，或是一般生活中如童年時被欺負、成年後遭受歧視的經歷？內心有什麼渴望，像是想要退縮或強烈反擊？

憤怒之下還隱藏了什麼嗎？或許還有更柔和、更脆弱的情感存在，例如沮喪、痛苦、擔憂、內疚或失敗等。憤怒是你持續壓抑這些脆弱情感的一種方式嗎？

你的憤怒情緒中是否隱含了什麼重要訊息？例如，是否壓力太大需要減輕負荷，或是別人需要盡一份力，還是兩者兼具？你是不是和某人有一些問題，已經嚴重到不容忽視的地步，需要與對方釐清？還是有人在無意間惹惱了你，而如果你跟他們溝通，他們可能會改正？你是不是因為某件事對自己生氣，而把這些情緒發洩在別人身上？在與某人的互動中，你是否一直覺得自己被誤解或不受尊重，是時候改變這段關係了？雖然這可能聽起來有點傻，但不妨在心中問問憤怒到底想傳遞什麼訊息，你可能會對它的回答感到驚訝。

當你處於爭吵或不愉快的經歷時，以這些方式關注自身情緒可能會非常有幫助。冷靜下來之後，如果一段關係一再出現同樣爭議，或是很難處理，不妨花一些時間思考上述的問題。如果你的憤怒情緒受到他人輕忽、否定或批評，試著找出他們這樣做的原因，是出於一片好意，只是可能被誤導了嗎？還是出於自身的利益？

不被憤怒控制你的行為

幾年前，我對自己許下一個承諾，**絕不在憤怒之下說話或行動**，所以我想沒有人會形容我為脾氣暴躁的人，但這個承諾讓我意識到，憤怒仍然時常影響到我的言行舉動，即使只是翻一個白眼、不耐煩的語氣、惱怒的嘆息、批評的話語或專橫地命令別人怎麼做。

你可以問一問自己，你有多常在不知不覺中「表露出」憤怒？也許在某些情況下，表達憤怒是必要和適當的，例如為自己的生命而戰、對抗不公不義，或激勵自己擺脫暴力的時候。但更多時候，你可以專心去感受並傾聽你的情緒想傳達的事情，你可以善用憤怒的能量，但你還是可以控制著你的言行，不受憤怒左右。

你可以視情況選擇保持沉默或提高警覺，等待更適當的時機，或是堅定地、自信地、甚至強烈地表達自己的立場。你也可以直接說你對某件事情很生氣，但是不必把憤怒宣洩到別人身上。如果你覺得被激怒了，請暫停你們當下的爭吵，承認你現在很生氣，然後想一想背後的原因，會發現，你是因為被誤解或感覺失望而生氣了。

就像我一樣，你會發現保證自己「絕不在憤怒之下說話或行動」，讓你在與人相處的時候情緒更加平和穩定，你可以好好地談論是因為什麼才引起你的憤怒，別人不會被你**說話的方式**轉移注意力，而更能專注你**說話的內容**。該怎麼做才能心平氣和地說話呢？想想那些你想要效法的好榜樣，他們是否立場堅定，而且又不會去敵視立場不同的人？若你像他們這樣說話，會是什麼樣子呢？

在憤怒之下行事就像徒手扔熱炭，兩個人都會被灼傷。在人類歷史中，已經發生過太多次這種經驗，太多灼傷，太多人的心靈因憤怒而受到嚴重創傷。

誠實、支持自己、強烈的同情心、設定界限、面對錯誤行為、保護他人，這些本身都不是憤怒行為，也不需要憤怒的情緒。真的，我們可以用尊嚴和勇氣的力量發自內心說話，那是不帶憤怒的。

練習 28 人生難免競爭，誠實和公平最優先

我時常會煩惱夫妻、家庭、社區、國家，甚至全世界，是不是都可以和平共處。你是否也會擔心這些呢？然後我想起小時候在學校學到的：說真話、公平玩。

這就是我們對孩子們的要求，也是我們對朋友、上司和鄰居等人期望的行為準則。如果你的孩子下棋時不知道下一步該怎麼辦，想要作弊，你會明白指出這種行為是不對的。我們會希望收銀員找錢不要出錯，或修車廠師傅對車子的維修情況說實話，這些都是社會運轉順暢的基本原則。

這些原則看似抽象，但當你想到日常生活中常見的情況，比如說，同事在你面前友善卻在背地攻擊你、對你不忠的伴侶、上司不承認你的貢獻等等，你就會明白這些原則多麼重要。

人們會意見分歧，有時也會相互競爭，只要有人有競爭，就難免會引發衝突。但無論是撲

克牌遊戲、父母雙方爭論如何分配家務、還是候選人的競選，我們都希望有一個公平的環境。他人的權利也是我們的權利，約束我們的規則也同樣會約束他人。如果每個人都接受同樣標準，那麼獲勝的滋味就更加甜美，因為你是靠實力贏得的，失敗也許令人沮喪，但至少你知道自己沒有被騙。

好的過程會帶來好的結果。如果出現了不好的結果，像是操場上被霸凌的同學，乃至於陷入困境的國家，找出問題所在是很重要的。真誠和公平，對每一種關係都很重要，若是你們之間存在撒謊和欺騙，那麼關係肯定不會長久。

如果遇到不公平的競爭，該怎麼辦呢？

競爭的時候，希望一切都是公平的，可以從自己開始做起。比如與同學爭排名，或是與同事爭位置，我們或許在過程中會情緒激動、好爭辯，甚至有點過火，但絕對不會撒謊。如果我們有一些誤會，就會承認錯誤，至少最終會承認。我們不會攻擊想要探求真相的人、不會惡言相向、不會反擊，也不會刻意挑釁激起更大的衝突。如果我們覺得別人的某些作為是不好的，也會盡量避免自己這樣做。做到這些，不代表就是完美無缺的人，我們只是要求自己做到學校教會我們的事情而已。

但是，對於那些不遵守原則的人，該怎麼辦呢？

看清事實

對自己誠實，正視眼前正在發生的事。有些人可能很受人喜愛，但令人震驚和難以置信的是，他們竟然不覺得有必要誠實或公平地對你。觀察一段時間，看看他們是故意的，還是只是誤解了你？他們是真的自戀甚或反社會，還是只是心不在焉或在不擅社交？他們是不是將你視為達成目標可利用的工具，而不是一個重要的獨立個體呢？

一個人或許會誇大、宣傳行銷自己，或是遇事大聲咆哮、挖苦嘲諷和行為強勢，這些都無傷大雅，但一再撒謊和欺騙就是另一回事了。不說真話、無視公平競爭原則是很嚴重的問題。當你發現這種情況，會更看清問題，你或許無法改變任何事，但至少在你的內心，可以站在堅實的基礎上。

尋找盟友

我們都需要盟友，想一想你可以向誰尋求幫助，以了解發生了什麼事，或是協助你解決問題。例如在不同的情況下，我曾向朋友、家人、同事、導師、律師和國家監管機構尋求幫助。

同樣地，其他人也需要我們成為他們的盟友。

公開揭露

說謊和欺騙在某種程度上是一種利用別人的弱點或信任而「占人便宜」的行為。在人類的歷史長河中，人們都生活在小型部落或村莊中，使他們得以一起辨識、羞辱和懲罰愛占便宜的人。羞辱和懲罰的用字是強烈了一點，但如果少了這些約束力量，占人便宜的行為就不會有任何後果，遠古人類祖先就不可能發展出卓越的合作、慷慨和正義的能力。

有時候，公開揭穿那些賴皮的人，像是霸凌者、騙子、撒謊成性的人或性騷擾慣犯等等，可能會不安全，這時你需要盡可能地保護自己和其他人。

然而，如果你有能力這麼做，那就勇敢揭發那些不公不義的行為，最好是與其他的盟友一起行動。說謊者和騙子通常擅長用瘋狂和戲劇性的指控來轉移他人的注意力。因此，我們需要持續關注誠實和公平的基本價值觀，不要被枝節問題迷惑，回歸到簡單而有力的問題：你為什麼一直在撒謊？你為什麼要靠作弊才能取勝？你值得信賴嗎？別人為什麼還要聽你的話呢？

從政治層面看誠實和公平

我是一名心理學家，主要關注個人層面的問題，然而，許多對我們個人造成傷害的力量來自政治層面。不同的人或許對如何管理一個村里或國家有強烈的分歧，但我們依然可以在誠實和公正的基本原則上找到共同點，讓最好的團隊勝出，這就是我們需要團結的地方。我們這個時代的核心政治問題不在於左右派之間，而是在於那些誠實公正和不公不義的人之間。

在任何企業中，撒謊都應該構成被解雇的理由，在任何民選公職中也應如此。我們可以在推特上標注說謊者，同時避免陷入愚蠢的爭論。我們可以支持能夠揭示真相的記者、科學家和律師。我們可以關注任何民主制度的基礎：舉行自由、公正和包容的選舉。如果有人必須靠撒謊和欺騙才能取得並保住高層職位，他們或許擁有法定權力，但永遠不會有道德合法性。

無論身分高低，任何撒謊、欺騙的人，以及任何支持這些人的人，在校園、教堂或寺廟、市場或村里公共場所中，都會失去一切尊嚴。我們都必需相當重視這一點，因為這裡是我們生活的地方，這裡發生的一切與我們每個人都切身相關。

練習29 你也有拒絕霸凌的力量

權力，存在於大多數的人際關係中，地位占上風的人比地位較低的人擁有更多力量，有些人對其他人擁有適當的權威，例如老師對教室裡的學生。權力本身並沒有好壞之分，問題在於我們如何使用。如果我們擁有權力，也就有了責任，我們可以善用自己的力量，以好的方式追求好的目標。

反思一下你與他人之間的權力關係，誰通常更具主導地位？誰通常有最後發言權或做出最後決定？誰的地位更高？誰被認為更見多識廣、更聰明、更有能力或心理更健康？對你重要的家人、朋友或工作夥伴，針對某些特定的事情，你是否覺得自己應該更加堅定地表達立場？還是有某種直覺告訴你應該給對方更多空間？探索這些可能給你很不一樣的想法。

與人互動有時會有一些摩擦和爭執，像是有些人可能太過專橫、控制欲過強、太咄咄逼人，這些都不是好現象，但卻很常見，最終結局就是引起反彈。

也有些人會濫用權力，這些行為有多種形式，例如虐待弱勢族群、情緒勒索、犯罪詐騙、性別或族群等各種歧視。簡單地說，我們可以用「霸凌」這個詞來概括這些情況。

不幸的是，霸凌行為是很常見的，在一般的家庭、校園、組織和政治中，現在還常在網路上集體霸凌，都對他人造成了巨大的痛苦，我們該怎麼辦呢？

被霸凌了，該怎麼辦？

認清霸凌者

霸凌者具有以下特質：

- **支配欲：**一心想要當領導者、專門找弱者為目標、缺乏同情心
- **防禦心：**不承認錯誤、蔑視他人、逃避責任
- **不誠實：**利用不滿情緒獲取支持、欺騙、隱藏真相、權力建立在謊言之上

要適時留意自己內心是否過於天真或單純，而忽略了或無法相信另一個人或團體會做出那種事。

正如詩人、作家兼社會運動家瑪雅．安傑洛（Maya Angelou）所言：**當有人展現出他們是怎樣的人時，第一時間就要相信他們**。

認清助紂為虐的人

有些個人和組織會容忍甚至支持霸凌行為，例如，有人會為霸凌者在傷害他們看不起的人時歡呼喝彩。這種容忍表現在不同的形式，包括假裝一切正常，或虛假地聲稱「雙方都有錯」。從操場到議會，具有「專制人格特質」的人（通常有很強的支配欲和渴望嚴厲的懲罰），一般都傾向支持那些霸道的領導人，並且成為他們的核心支持者。

保護自己

有時候你必須暫時忍受某個霸凌者一段時間。這時候要小心謹慎，權衡你的選擇，做出對你自己和你關心的人最好的決定。

懷抱仁慈

在內心深處，霸凌者的心靈就像地獄，充斥著被忽視的軟弱和羞恥感，總是威脅著他們，心中充滿了痛苦。對霸凌者仁慈並不代表認可其行為，但可以讓自己保持冷靜和堅強。

當然，受到霸凌的人絕對值得我們關心，即使你無法幫助他們，你的仁慈卻是真誠的，這不但對自己很有意義，對其他人或許也很重要，可能會產生你意想不到的影響。

揭露真相

對自己誠實，也把真相告訴大家。

此外，如果合適的話，向霸凌者和其他助紂為虐的人說出實話，例如這一類的真相：你是一個惡霸。你靠著狡詐和謊言來獲得權力。你外在表現得很強硬，其實內心很軟弱、害怕。你或許能夠傷害我和其他人，但我並不怕你。我看清了你的真面目。

霸凌者很清楚自己的力量建立在脆弱的基礎上，你可以揭穿他們的謊言、欺騙和軟弱，揭露他們的虛偽和不法。

與他人站在一起

霸凌者通常鎖定孤單的人和弱勢族群為目標，以展現其主導地位，並製造恐懼氣氛，這就是所謂的「殘酷表演」。

因此，如果你被欺負，找一些能夠支持你的人，比方說，如果你被同事欺壓（或更糟的情況），可以告訴朋友這件事，尋求他們支持，然後與主管或人資（若公司有的話）談一談。你可以請求其他人幫助你一起對抗霸凌者，坐視不管只會延續霸凌行為。

團結起來，我們可以一起支持那些曾經或正在遭受欺凌的人，這可能不會帶來任何實質上的改變，但對於那些挺身相助的人對說，更相信自己在做對的事，對受欺凌的人來說，也是很大的支持力量。

懲罰霸凌行為

我所謂的懲罰是指**伸張正義**而非報復。欺凌行為本身對霸凌者來說像是一種獎勵，即使沒有具體的好處，也會讓他們忍不住繼續，就像玩吃角子老虎，槓桿一拉就有機會開心地中大獎，如果你是一個惡霸，怎麼會不想繼續玩呢？

因此必須**付出真正的代價**，而且必須是霸凌者所在乎的。支持霸凌行為的人也必須付出代價，否則，他們怎麼會停止呢？若是他們沒有任何損失，你光只是向受虐者表達關切或好像很擔心的樣子，是無關痛癢的，無法解決霸凌問題。

霸凌在現代很常見，人們已經想出各種對抗方式。根據不同的情況，你可以這麼做：

- 以道德自信，明確揭露霸凌的行為。
- 反駁虛假的合法主張。
- 嘲笑霸凌者（他們通常很愛面子）。
- 揭穿謊言，包括他們否認造成的傷害。
- 團結對抗霸凌的力量。

- 對抗支持霸凌行為的人，他們是共犯。
- 透過法律途徑解決。
- 解除霸凌者的權力地位。

保持本心

霸凌行為建立在某些基礎下，有時霸凌者會從他人的不滿中汲取力量，當我們解決了這些不滿時，就能減少霸凌者的力量。

霸凌者試圖支配我們的注意力，就像他們試圖主宰一切一樣。然而，還有一個更廣闊的世界是他們無法控制的，包含許多令人快樂、美好和品性高潔的事物。盡可能避免沉迷於沒有好處的憤怒、報復的幻想，也沒必要去指責旁邊的人「做得不夠」。霸凌者存在的事實已經夠糟糕了，不要連你的心也被他們侵犯了。

Part Five

說話的智慧

練習 30 言語也會傷人，注意你說出的話

我們小時候常常吟唱：棍棒和石頭可能打斷我的骨，但言語永遠傷害不了我。然而事實並非如此，我們所說的話，及流露的語氣，都有可能造成真正的傷害。回想過去別人對你說過的話，特別是那些帶著憤怒、拒絕或蔑視語氣的言語，對你造成怎樣的影響？

言語其實可以傷害人，因為大腦中的情感痛苦神經網絡與身體的疼痛網路重疊。**傷人的話語會沉積在記憶和心裡很久很久**，甚至可能影響一個人一輩子，也可能會永遠改變一段關係。你可曾留意，父母和子女之間、兄弟姊妹之間、姻親之間、朋友之間說出的話，產生了怎樣的漣漪效應？

避免出口傷人，不是要你壓抑自己的言論，或是過於拘泥特定的說話方式，只是話說出口前最好謹慎思考，也帶點技巧，不需要違背你的價值觀和人生觀。這是我接下來的篇章要討論

的重點，與你分享一些清晰易懂的說話準則。

用六個智慧準則練習說話

早期佛教提供的六項準則對我一直有很大的幫助，你也會在其他傳統或哲學中認識到個中精髓。智慧的話語是這樣的：

- **善意：**是出於好意而非惡意，具建設性而非破壞性，試圖幫助他人而非刻意傷害。
- **事實：**實際上是準確的，即使沒有說出所有實情，但說出口的都是真的，沒有誇大其詞或斷章取義。
- **有益的：**能成就自己和他人的快樂和福祉。
- **適當時機：**時間點很恰當，可以有效地發揮影響力。
- **不口出惡言：**可以是立場堅定或強烈的，可以正視虐待行為或不公正的問題，也可以表達不滿，但不是攻擊、惡毒、煽動、輕蔑或鄙視的態度。

此外，如果可能的話，可以加上這一點：

・**對方的意願：**如果對方不想聽到你的意見，你有時可能選擇不說。但在有些情況下，無論對方喜歡與否，你可能還是會決定要表達意見。此時，如果你遵循以上的原則，就更有可能取得好的結果。

當然，當你覺得很自在時，會與他人隨心所欲地閒聊。然而在開始爭論一些事情的時候，有時會有人不小心越過界。但是在一些重要的、緊張的或微妙的互動中，或者當你意識到自己越界了，說話時就應該更謹慎一些，多用點腦子。雖然你把握這六條準則好好說話，對方不一定會以你期望的方式來回應，但卻比較有機會獲得好結果。而且你心裡很明白，你說出的話都有經過大腦，又是一片好意，事後便沒有什麼可內疚的。

與人溝通的時候，你心裡時時記住這六個智慧準則，然後，保持自然。如果你很真誠、抱持善意，並且說的都是實情，也就不會輕易說出傷人的話了。

如果局勢升溫，記住，無論對方做了什麼，你說出口的話和說話的方式都是你要負責。如果你一時激動出口傷人，一定要認錯，然後再提醒自己說話的六個智慧準則，才能繼續溝通。

過一段時間後，你會發現自己在不自覺中懂得如何好好說話了，原來，以堅定、果斷的方式溝通你也辦得到！

當然，想要獲得更多，也運用這六個智慧準則對自己說話如何？

練習 31
說真話，才能修補好關係

真誠的話語能讓人信任，可以好好地把真相說清楚、講明白，內心也會感到滿足。如果說謊、扭曲別人的話，整個人顯得很虛假，結果就不一樣了，難以言喻的空虛感和悲傷會吞噬你，你們之間可能會有不必要的衝突，關係也不可能更緊密了。

而最重要的就是對自己誠實，許多人內心深處對自己都不夠誠實，不是誇大自己的缺點，就是貶低自己的優點。

此外，如果你告訴自己某件事是真的，但在內心深處知道其實不然，比方說，婚姻中夫妻關係其實早已冷淡疏遠，卻自欺欺人地說「一切都很好」，這種關係早已如履薄冰，很難在有裂痕的關係上再建立美好的生活。

真相是一切的基礎，即使和你所希望的真相不同，但在這個充滿宣傳語言、虛假訊息和胡言亂語的世界裡，真相是你的避風港。

練習說真話，找到完整的自己

說真話並不代表一定要講出所有的事，而是要在對話中切入重點，就好比不要讓孩子承受過多難以理解的內容，也不要在商務會議上透露太多的私人情感，我們不必透露超過適當範圍的訊息。我二十多歲時所處的成長氛圍是，人們習慣與所有人分享一切，包括最深層、最奇怪、最瘋狂的事情。對像我這樣內向的人來說，這種分享內心感受的經驗是很有價值的。

然而，過了一段時間後，我了解到，**能說並不代表應該說**，有些想法和感受可能會對他人造成不必要的傷害，或是很容易被誤解，又或者以後可能會被利用來對付你。一旦從你的嘴裡說出來，或是被發布到網路上，就再也無法收回了。

表現出真正的樣子

你的外在表現，包括語氣、姿勢、臉部表情和措辭等，與內心感受是一致的，就表示你的確是發自內心誠實和真實地表達自己。我在學著敞開心扉時，這點對我來說很難做到，我說話是誠實的，但聽起來像是在唸電話簿。

如果你感到悲傷、受傷、焦慮或憤怒，你說話的時候能感受到嗎？有沒有哪種特定的情緒是你特別難以表現？或是特定的渴望，比如渴望被包容或欣賞，你希望對方能聽得出來？**說話時放慢速度，讓內心的感受有時間跟上你的話語**，並試著與你的情緒保持連結。

不知道如何精確描述自己的感受也沒關係，有時候很難找到適當的字（或是根本沒有）來形容，但是你的臉部表情和肢體語言也能夠傳達很多訊息。久而久之，你會發現自己越來越能夠展現真實自我。

大多數人都有不願示人的一面，對我來說，我小時候有一點自卑。有些人可能是不想讓人看到自己的害怕或脆弱，也有些人不願讓人看到自己在生氣。也許你發生了什麼或做了什麼，但從未向任何人坦承過，覺得自己像是活在謊言中，好像隨時都會被吞沒？

你是否有什麼事一直藏在心底，說出此事對你比較好？你能夠特意與適當的人談論這件事嗎？像是治療師或神職人員都是可以傾吐的對象，他們能對你的事情保密。當你說出埋藏已久的事，通常會有一種解脫感，覺得總算找到完整的自己。

好好談一談被忽略的問題

在任何關係中，問自己：哪些重要的事情沒有被提及？有哪些事被忽略了？這問題適用於你自己和其他人。想想在憤怒之下的傷害或焦慮，或是在看似愚蠢的爭吵中真正需要重視的權益或需求，有沒有什麼明顯的問題存在卻沒人敢提？也許有些人有憤怒、酗酒或抑鬱的問題，也許有人工作每週工作六、七十個小時以上，再加上通勤時間，週末還必須回覆電子郵件，而排擠了家庭時間。

很多人通常不想去討論這些問題，但你有權找一個最好的時機，將你受不了的問題擺到檯面上討論。如果對方一直試圖轉移話題，你也能守住主題，與對方好好談一談。

傳遞未傳遞的訊息

除此之外，你是否還有哪些很重要卻沒說出口的事？想一想。

有些還沒傳達的心聲，你可能一直未向對方說出口，也許當時有充分的理由而沒說；也許隨著時間過去，說不說也不重要了；也許對你來說這件事還是很重要，但你很清楚最好不要說出來……你終究還是沒說，可能最後變成了或大或小的問題，因為你的逃避（有時可能也是對方的逃避），對彼此造成了負擔和束縛。

在後續篇章中，我們將探討如何有技巧地表達未說出口的話。在此不妨花一點時間思考你可能一直沒有說出口的事。

你可以拿出一張紙，針對特定的人，標題為「未傳遞的心聲」或「我沒有告訴你的事」，然後寫下任何想到的事情。請記住，這只是你個人的探索，你不必告訴對方紙上的任何內容。比方說，你可以想像自己一遍又一遍地完成這句話：我沒有告訴你＿＿＿＿。

你可以對自己的任何心聲抱持開放態度，包括你的失望和憤怒、渴望親密，或是欣賞和愛意。在你傾聽內心深處時，可能會發現自己其實已經說出了所有重要的事，這能使你得到不少安慰。試著找出幾個對象做這個練習。

光是把想法寫下來，或許就足以讓你感到解脫。之後，如果你願意的話，可以在適當的時機告訴對方。**找出你想要傳遞的重要心聲，然後慢慢地、適當地表達出來**，這是我所知道最強大的個人成長方法之一。

最後，請接受一個事實：沒有人是完美的溝通者。你總是會有疏漏，這沒關係。你需要給對話足夠的空間，不需要去評判自己說的每一句話。溝通就是修補人際關係的過程，基本上，只要你說話真誠、懷抱善意，你的話語就會編織和修補好你的關係。

練習 32 給自己一點勇氣，說出心裡的話

有一年聖誕節，我徒步走進大峽谷底部，谷底離峽谷邊緣有一英里的垂直高度，岩壁像蛋糕似的層層相疊，紅色或灰色岩石的條紋揭示了科羅拉多河數百萬年的侵蝕。河水是如此的柔弱又溫和，卻逐漸刻蝕出最堅硬的石頭，創造出美麗的大峽谷，有時候，看似最柔弱的東西其實可能有最強大的力量。

同樣地，敞開內心說出自己的感受看似脆弱，但卻是最強而有力的舉動。以簡單明瞭的方式表達真相，特別是分享你真實的個人經驗，是最有意義的事。

我記得我有一個當事人，他的婚姻被太多未說出口的事情壓得透不過氣來，都是一些很普通的小事，比如希望他妻子對孩子不要那麼易怒，對他多一些愛意，但他擔心如果說出來，他們的婚姻就會瓦解了。然而，沉默才是真正壓垮他們關係的主因，伴隨著日漸累積的傷害和怨

恨，就像兩個人在各自的小冰山上，在冰冷的沉默中漸行漸遠。最終，他們離婚了。

如果你正在解決一段關係中的某個問題，說出內心的感受是很有用的，通常會促使對方更加坦誠地回應。如果對方還是無法坦誠，你和對方之間強烈的對比就說明了一切。

練習發自內心說話

赤裸裸地表達自己可能會讓人有些卻步。如果你才剛開始適應這種溝通方式，不妨選擇一個比較容易的話題、容易溝通的對象，以及一個適當的時間點。

在談話之前

要以好意為出發點，例如想要表達真相，或是幫助自己和對方，先了解自己想要表達的基本內容，專注於個人的經驗：想法、感受、身體感覺、需求，以及任何你想到的事。你分享自己的經驗很好，但容易因為情境、事件、往事或一些問題而失焦，讓你們陷入爭論中。

你對自己要有自信，你說的都是真誠的。對方可能不喜歡你說的內容，但你有權利表達自己的想法，且無需辯解。也要知道，發自內心表達你的想法，通常對你們的關係發展是好事，即使說的話可能讓對方難以接受。

在談話當下

先深呼吸、放鬆身體。想想那些關心你的人也許會有幫助。放鬆喉嚨、眼睛、胸膛和心情。同時，也試著培養對對方的善意和同理心，回想一下自己要說的話，再次深呼吸一口，然後開始溝通。

說話時，**盡量分享自己的感受和經驗，不要試著說服對方或解決問題**（如果有必要解決問題，稍後再處理，可以參考練習43到練習45）。專注於對你來說最重要的問題，不管那是什麼事，尤其是在對方反應過度或企圖轉移話題時，更要注意不要被帶偏了。說話的時候，傾聽內心深處浮現的聲音，順著說下去，不需要在開始說話之前就先準備好你要說的一切。

如果對方還不想聽你說，隨時可以停止，也許下次再說會更好。傳達心聲的主要目的不是要改變對方（雖然這種結果可能會發生，也可能不會），而是與對方坦誠以對。如果適當的話，你也可以要求對方說出心裡的話。

之後，你會知道自己已經盡力了。要坦誠表達內心是很勇敢且不容易做到的（尤其是一開始），但在任何深度的關係中都是必不可少的。

練習 33

多問問題，為感情加點溫度

適時提問會帶給你很多重要的資訊，表示你正在專注聽對方說話，讓他們感覺你對話題感興趣，很關心討論的主題，也很在乎他們。問了問題，代表你知道這件事了，可以公開談論了，讓你們都能更清楚地看到問題。提問還可以緩和激烈的對話，避免情緒失控。提問也能給你思考的時間，避免輕率地下結論，犯下會後悔的錯誤。對方有時可能會不喜歡你的問題，也許你在釐清應該是對方的過失而不是你的，就算對方不喜歡，你還是有權利提出問題。

提問可以讓我們更深入了解他人廣闊神祕的內心世界，在那裡一探究竟。或許他們的心充滿了澎湃的熱情、柔軟的渴望、回憶和幻想、複雜的情感，以及各種不同層次和深度的思想交織，一切都在不斷地翻騰湧動，這些本身都是非常迷人的。最重要的是，當我們更了解他人時，也就能更加了解自己。

讓感情升溫的提問小技巧

身為一名治療師，我的工作需要經常提問，再加上我結婚多年，與另一半同甘共苦經歷了很多挑戰，還養育了兩個孩子。就像醫學界所說的：良好的判斷力來自經驗，而經驗來自於犯過的錯誤。因此，我想分享一些我從經驗中學到的事！

有好的目的

提問時不必像檢察官似的質詢對方。你或許想要弄清事情的真相，例如想了解兒子本週六晚上到底打算做什麼，或是想知道即將到來的商務會議中自己的角色定位等等，但是，在提問的時候，應該盡量避免讓人感受不好。

保持語氣柔和

對回答問題的人來說，被人問到問題（尤其是一連串的），可能會感覺受到侵犯、批判或控制。舉例來說，孩子們在回答問題之後經常會面臨責罵或其他懲罰。你可以先與對方確認是否願意接受提問，同時放慢提問節奏，避免像連珠炮似的丟出問題。不妨**穿插一些私人的感受和經驗**，盡量與對方的情感深度相符，這樣他們就不會覺得自己將底牌全部攤開，而你卻有所保留。

保持興趣

你在與人交談時，可以感受到對方的注意力是否飄忽不定，而對方也會察覺到你是否也是如此。在對話中，我們應該要保持專注，而不是分心查看手機訊息，或思考接下來要說什麼。嘗試抱持一種「初學者的心態」或「什麼都不知道的心態」，保持好奇心、開放態度和耐心。你想要更了解什麼事？試著在對話中找到生動、新鮮、豐富、有意義的、有用或深刻的東西。揚起眉毛，點頭示意，或是靜默一下，都是請對方繼續說下去的信號。

繼續問下去

如果你覺得對方的回答還是很模糊不清，還有更多需要了解的地方，不妨再次提問，也許採用不同的問法。你可以解釋清楚自己還不太明白的地方，但是不要帶著指責的語氣。令人驚訝的是，很多人其實常常會答非所問。你可以提出一些額外的問題，以幫助釐清關鍵事實，或探索對方更深層面的想法、感受和意向。

走進內心的提問例句

關於事實或計畫的問題通常比較簡單明確，而當問題牽涉到對方的內心世界時，往往很含糊、情緒波動，不好解決。以下是一些建議的提問方式：

- 你覺得＿＿＿＿怎麼樣？你對＿＿＿＿感覺如何？
- 你欣賞＿＿＿＿的什麼地方？你認為哪些方面進展順利？有什麼令人安心的事嗎？你喜歡＿＿＿＿的哪些地方？
- 你對於＿＿＿＿感到困擾（或擔心）嗎？是什麼原因讓你感到焦慮（或沮喪、傷心、憤怒等）？除了＿＿＿＿之外，你還有其他感受（或需求）嗎？
- 這讓你想起什麼事？這對你來說有什麼重要的背景或原由（例如，我們之間過去不愉快的經歷，再一次錯失升遷機會）？
- 你期望的結果是什麼？對你來說，當中最重要的事是什麼？
- 你覺得我這個人怎麼樣？你喜歡我的哪些特質？不喜歡我哪些地方？你希望我怎麼說或怎麼做呢？如果有一、兩件重要的事你認為我應該先處理，會是什麼事呢？
- 你若得到了你想要的，會是什麼情況呢？你若從我這裡得到了你想要的，會是什麼情況呢？從此以後，你希望是怎樣的情況？
- 還有其他的問題嗎？你能再多講一些有關於＿＿＿＿的事嗎？

讓感情更深厚的問題範例

情侶相處久了之後，感情可能會變得平淡、感覺很疏離，甚至失去新鮮感。讓愛情重新活躍的一個好方法是學習關於對方的新事物，以下提供一些範例問題（你可能已經知道伴侶的某些答案了）。不是要你扮演治療師，你只是一位感興趣的朋友，你可以根據感覺適度提高或降低問題的深度。如果你願意，你可以提議彼此輪流提問。當然，你也可以自行添加一些問題！
- 你最早的記憶是什麼？
- 你小時候最喜歡的親戚是誰？你都和他們一起做什麼？
- 小時候，你入睡時會想像或思考什麼？現在呢？
- 年輕的時候，你最喜歡做什麼？有什麼特別的回憶嗎？現在，你獨自一人時最喜歡做什麼？跟我在一起時，又最喜歡做什麼呢？
- 小時候，你有最喜愛的寵物嗎？
- 你的初吻是什麼時候？感覺怎麼樣？
- 離開家對你來說是什麼感覺？你很渴望離家還是不想離開呢？
- 你認為你的人生中有哪些重要的轉捩點？
- 你喜歡思考或想像什麼？
- 如果你可以成為《魔戒》（或其他知名著作）故事中的任何角色，你會選擇哪個角色？為什麼呢？
- 如果你生活在兩萬年前的原始部落中，你會自然地被什麼任務吸引？
- 如果你能讓十億人每天花五分鐘做一件事，你會選擇什麼事呢？

還有一個探索問題的好方法，就是一起觀看彼此童年時期或成年後的照片。你在看著照片中的人物時，可以想像對方過去的生活，引發更多的好問題。

你可以和伴侶一起進行一種練習，反覆問對方同一個問題，然後交換角色。可能的問題包括：你喜歡我哪些地方？你希望我們的關係是什麼樣子？該怎麼做才能讓你信任我？未來的日子你對自己有什麼期望？你在回答問題時，要直覺地說出腦海中浮現的想法，除非你認為這樣會傷害對方，或是會透露出你還沒準備好要談論的事。留意自己是否有在修飾答案，看看是否能夠更坦誠地表達自己。

如果你是提問者，接受對方說的任何話，表示感謝，然後再次提問。可以要求他們簡單澄清一些事情，然後繼續重複問問題。如果對方回答了一些你想進一步探究的事情，就先記在心裡，稍後再回來討論。

這個練習可以快速讓對話進入深層次的探討。相同的問題經過十幾輪之後，也許就沒什麼新東西可說，覺得這個問題已經探討得很透徹了，至少目前如此，那麼不妨換個問題，或轉換角色，由另一人提問。

總而言之，提問真的沒關係，一般人通常都歡迎朋友問他們問題。你可以相信自己的好目的和善良的心。

練習 34

表示你的欣賞之意，對彼此都有意義

改善人際關係最簡單又最有效的方法之一，就是告訴別人你欣賞他們的地方，這不是奉承或操縱，而是出自真心，表達你的真實感受。你可以說出你的感謝、表達支持或敬意，希望他們會感受到你的欣賞，即使有些原因讓他們不以為然，你知道自己是真心誠意的就好。

當人們完成目標，表現出良好的特質，或在艱難的情況下堅持不懈時，我們都應該對此表示認同。人們是群居動物，需要感受到被人注意和重視。如果你在工作或家庭中表現出色，卻沒有人對此表示肯定，過了一段時間後，很容易對自己感到困惑，或覺得人生很挫敗。

找出一些你關心的人，想想他們有哪些優點和特質？是正直又誠實的人嗎？是否曾經在某些方面幫助過你或有所貢獻？如果你要為他們寫一些推薦信，你會寫些什麼？然後再問問你自己：即便我很認同他們，但我實際上表達了多少？

你在家人、朋友或公司裡，是屬於很能表達欣賞和感激之情的人嗎？我們通常不會輕易表露這樣的情感，或許是因為覺得這樣很尷尬，或是因為發生其他更大的衝突，而有所保留。我們很容易把別人的付出視為理所當然，或總是在抱怨一切。當有人真心感謝你、稱讚你的工作、認同你的努力，或是欣賞你的內在優點的時候，對你來說肯定意義重大，使你和對方之間的關係更好。那麼當你向別人表達欣賞之意時，也會帶來同樣的好處。

每個人都有值得稱讚的地方，練習表達認同與欣賞

我們表達對他人的欣賞通常有兩種方式：感激和讚美。選擇一個你關心的人，想一想你感激他們的地方，例如他們為你做的善事、在別人面前支持你，或是對你表現得熱情友善等。你可以**為一些小事表達感謝**，像是在工作時為你洗咖啡杯；你也可以**感激重大的事情**，比如一起撫養孩子。留意一下當你對別人表達感激時，你自己的感覺如何。

接下來，思考對方值得稱讚的地方。你覺得他們有什麼值得欣賞、敬佩或尊重之處？有什麼才華和技能、積極的性格特質、內在優勢？他們取得什麼成就、曾經歷過哪些困難？他們是不是很風趣幽默、有創造力、有靈性？他們關心別人嗎？是否正在做有益世界的事？你喜歡他們哪些地方？你重視他們哪些寶貴的內在特質？體認到對方所有的優點時，你的感覺如何？

反思這段關係，有沒有什麼事好像被低估了？你認為對方最想聽到的話是什麼？也許這個

人是個孩子，或是一個真正仰慕你的人，你的哪些話能夠對他們產生重大影響？

然後問自己，如何才能更充分地表達你的感激和讚美。想像你實際要說的內容、表達的方式和時機。人們表達和接受欣賞的方式可能有所不同，這很正常，想像這對於你、對方以及雙方的關係可能帶來的好處。

注意自己是否不習慣對他人表達欣賞之意，或許是因為與家庭成長背景或文化習俗的影響。你可能覺得這會讓你變得脆弱或依賴他人，或者會讓對方占上風而對你有所要求，或是使你對他們的抱怨失去立場而不被重視，或是覺得這會鼓勵對方對你予取予求，好像變成某種不斷吸取你精力的吸血鬼似的。從這些不同的理由中抽離出來，問自己這些是否屬實？例如，你可以承認別人的優點，同時做一個堅強且獨立的人；你可以欣賞同事的創意點子，同時敦促他們按時完成工作；你可以讚美那些非常渴望讚美的人，同時在關係中設定界限。你會發現欣賞別人並不會讓你精疲力盡。

接下來，挑選一個比較棘手、也許是充滿嚴重衝突的人際關係，這個人有沒有任何讓你心存感激之事？若完全沒有也沒關係。但如果有，試著承認這些事情。細想除了一些嚴重的缺點之外，他們有沒有什麼值得稱讚的地方？你該如何向對方表達這些讚賞呢？也許可以在閒聊中輕鬆提出一些難以反駁的客觀事實。對此人表達欣賞將會如何改善你們的關係？

尋找別人身上值得欣賞的優點，通常會讓你感覺世界更美好，還會將你對別人的不滿放在宏觀的背景下來看，也就不那麼煩躁，通常也更容易談論問題。

練習 35

溫和的語氣讓溝通更有效益

有幾次我疲憊或煩躁的時候，不耐煩地說了一些令人不悅或沒必要的話，有時是過於極端的措辭，例如「絕不」或「總是」，或是強烈誇張的說法，例如「真是太愚蠢了」。大多時候問題在於我說話的態度，流露不耐煩的口氣或神情，也有時候說話太過直接，或不情願的樣子。

語言學家黛博拉．坦南（Deborah Tannen）指出，大多數的溝通有三個要素：

- **明確的內容：**「冰箱裡沒有牛奶了。」
- **情感的暗示：**可能是中性、正面或負面的。
- **隱含的關係本質：**是否有一方可以批評或命令另一方？是不是有誰比較強勢，或雙方同等地位，又或者是一方處於劣勢地位的情況？

第二和第三個要素也就是所謂的語氣，通常會對人際互動結果造成巨大衝擊，久而久之，積累下來的語氣會帶來深遠的影響。說話時常帶著批評、優越、失望、輕蔑或責備的口吻，真的會嚴重損害彼此的關係。例如，約翰和茱莉・戈特曼（John and Julie Gottman）的研究表明，通常需要好幾次正面的互動才能彌補一次負面互動的影響。負面語氣除了會損害關係之外，還會直接影響到對方，不必要的負面語氣會帶給他人無謂的痛苦。

特別留意自己說話的語氣可以讓你更加察覺內心可能正在積聚的情緒，並且讓你能夠及早、更直接地處理問題。**溫和的語氣會讓你以更冷靜、更真誠的方式溝通**，讓對方更容易**專注於你說的內容，而非你說的方式**，你也會有更強力的立場要求別人用柔和的語氣與你對話。

如何用溫和的語氣來溝通，完整表達自己

語氣放軟並不代表要你甜言蜜語或虛偽。當人們不再用尖酸刻薄、粗魯、嘲諷或爭論的語氣說話時，通常會是更強的溝通者。當他們提出某些觀點時，立場會更加穩固、更自信，不會為了宣洩情緒逞一時口舌之快，而傷及人際關係。

留意自己說話的語氣，特別是當你感到緊張、有壓力、沮喪、疲倦、或飢餓的時候。回想過去某些人際關係，以及對方對你的語氣的敏感程度，注意你是否無意間流露出負面表達，包括那些看似溫和的語氣，但其實你翻了白眼、惱怒的嘆氣或輕微的嘲諷等。

想一想你真正的目的，不管是對自己的人生或是與此人的關係。嚴厲的語氣對他們、對整件事有用嗎？什麼樣的語氣更適合他們？你在表達重要事情時，是不是可以不帶負面語氣呢？你能不能以坦率直接的方式處理任何傷害、憤怒或實際問題，而不是透過不耐煩的語氣來發洩情緒呢？

加以考慮你的用字遣詞。使用誇張、指責、挑剔、侮辱、咒罵、恐嚇威脅、貶抑用詞（如「你有人格障礙」），和惡意攻擊（如「你跟你老爸一個德性」），都猶如火上澆油使事情惡化。因此，應該盡量避免使用挑釁或煽動的言辭，而要尋找準確、建設性、尊重自我、能抓住問題核心的語言表達。

在撰寫簡訊或電子郵件時要小心，一旦你按下「發送」鍵就無法收回了，收件人可能會誤解訊息，甚至可能與他人分享。重要事項建議還是要**與人面對面溝通或透過電話交談**，是的，我知道這種方式過時了，但這個作法肯定還是更容易修復任何的誤解。我回顧自己多年前的一些電子郵件，現在看來還是覺得有點尷尬。

有時人們會自以為幽默地反諷、挖苦或嘲笑他人，但有時候這種幽默掩蓋了潛在的傷害或憤怒情緒，別人可能會感受到這一點，但也可能會誤解你說的話。你或許認為自己只是在開玩笑，但對方可能不是這麼理解的。

試著放鬆你的眼神、嗓音和心情，這自然會軟化你的語氣。我有時會想像我在互動過程中旁邊有攝影機把一切拍攝下來，這段互動日後可能會在兒子的婚禮上或我的葬禮上播放。不需要有太多懷疑，你也可以這麼做，你不必表現得很完美，但如果你正在看自己的影音，你會希望看到什麼呢？

如果你發現自己不小心語氣嚴厲了一點，要盡快修正，甚至可以在話一說出口就立刻修正。有時，可以解釋你用這種語氣的原因，例如，「對不起，我又累又餓，令天很不好過」，並非是想證明或辯護，而是讓對方了解情況。對自己的語氣及其影響負責，並重新承諾以更明確、更坦白、更直接的方式表達自己。

練習 36

為對方的點子和夢想喝彩

假設你突然靈機一動，想到了一個新點子，或感覺內心湧起熱情，可能是工作計畫想到不同的角度，或是本週六夫妻之間的活動，你的想法還沒有完全成形，也還沒有真正打算去做，但你喜歡這些點子，正想試試看是否合適。如果別人對你的想法做出適度或積極的回應，即使提出了一些實際問題，你也可能會覺得受到支持和鼓勵。

然而，如果他們一開始的反應就是消極的，只想到問題、限制和風險，無論這些反應有多麼合理，你可能會自然而然感到有點洩氣、沮喪或挫敗。值得反思的是，這種情況在你童年或成年時期是否曾發生過？

反之亦然，如果有人向你表達了一個想法、熱情或願景，而你一開始就提出疑慮和反對意見，對方可能會覺得很不好受，甚至以後都不想再向你打開心門了。在你的某些關係中是否有過類似的經驗呢？

這種情況也可能發生在你的內心世界。如果你時不時對自己的希望和夢想潑冷水，你可能會活得非常保守拘謹，你永遠不會知道如果讓這些夢想成真，會帶來多少溫暖和光明。你會支持自己，為自己喝彩嗎？還是會立刻提出懷疑、限制、成本分析，或找出各種否定的理由？

練習用正面思考來回應他人的想法

上述觀點既適用於你如何**回應別人的想法**（即使是不切實際的），也適用於你如何**回應自己的靈感和熱情**。此外，如果有人開始潑你冷水，不妨要求他們也思考一下這些觀點。

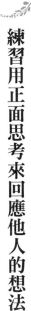

特別留意當你自己或別人對某事感到熱情興奮時，你是不是會習慣性地做出扯後腿、否定或潑冷水的反應。也要留意你與父母或其他人的相關過往，是否曾因過度興奮或自我膨脹，而導致後來的麻煩——以及這些經歷如何影響你如今對人對事的反應，即使實際情況與當時有所不同。

我們都希望朋友、同事或伴侶能夠支持我們的某個想法、計畫或夢想。一般來說，在重要的關係中，自然會希望感受到對方基本上都是支持自己的：是一位「同道中人」，易受啟發、充滿熱情、對任何可能性抱持開放態度；不會對任何想法都充滿疑慮，而是首先關注正面想法；不需要你拉著前進，或像洩氣的皮球一樣要不斷注入能量。有沒有什麼人希望你是他們的同道中人？你能否做一些簡單的事情，為這些關係帶來更多熱情與支持呢？

記住，你還是有說「不」的權利。只是因為有一些新提議出現，並不代表你一定得照辦。如果你需要時間思考，或等事情更加明確再做回應，也沒關係。即使你對這個新想法充滿著疑慮、認為很瘋狂、不切實際、會帶來災難，你也**不必急著表達你的意見**，因為這個想法本身就可能會自行瓦解。

你在與自己或他人溝通時，盡可能**從正面或有用的角度思考**，這樣做就已經夠了，然後再觀察對方的反應。如果你確實有所顧慮，最好適時表達，而且要確認對方聽得進去（如果有令人信服的理由，例如，有安全上的疑慮，請忽略此建議）。注意你提出來的疑慮與當前的問題是不是相關，比方說，如果實現該想法的成本只是幾百美元，就根本不需要提到退休後的貧困問題。

看看你的家人和朋友，再看看你自己，有什麼心靈渴望、偉大的夢想、延宕的承諾、瘋狂的點子，這些想法可能真的能實現——你渴望開始嗎？

你現在和未來能做些什麼，來為他們開闢道路呢？

練習 37

滿足對方，你會得到更多

人際關係是從互動中建立起來的，而互動則是像網球比賽中的進退攻防一樣。互動的轉折點是當其中一人把自己想要的東西成功傳遞過網時（包含願望、需求、欲望、希望和渴求），可能是簡單具體的小事，例如：請把鹽遞給我，也可能是複雜抽象的：請像愛心愛的人那樣愛我。有些人會清楚地表達自己的需求，但很多人不會。某個需求越是重要，就越有可能慢慢地表露出來，或是用令人困惑的語言來掩飾真正需求，或透過情緒反彈表達出來。

在一段重要的人際關係中，你有多清楚地向對方表達自己的需求？當對方真心誠意地滿足你的需求時，你有什麼感受？

我自己在反思這兩個問題時，發現向別人表達自身需求並不是那麼容易，特別是如果這讓我感到脆弱的話，因此，我應該更寬容地看待那些以含糊、謹慎或委婉的方式表達自身需求的人。其次，我也發現，如果別人的要求是合理可行的，我應該盡力滿足他們。出於善意這樣做，是一種仁慈和關懷，並且也能為自己帶來好處，可以解決他人的抱怨，建立良好人際關係，並讓自己更有立場要求想要的東西。

如果對方提出要求時是用粗魯、強求或威脅的方式，那麼你絕對可以拒絕他們，除非他們改變態度。當然，你可以自由決定對方的要求是否合理，以及你要如何回應。

練習合理地滿足對方

在任何人際關係中，你可能已經滿足了對方大部分的需求，但矛盾和問題往往出現在對方認為沒有得到他真正想要的東西。仔細思考一段重要的關係，問自己：他們還想從我這裡得到什麼？想一想他們是不是有什麼願望或渴求沒有被聽到？任何令人失望的事情，任何持續存在的摩擦，從對方的角度來看，都牽涉到未被滿足的期望和需求。

對許多人來說，表達自己內心深處的需求是很可怕且不容易的事。因此，需要試著從表面的混亂中**找出對方真正在乎的事**。他們可能有哪些更柔軟、更深層、更新的渴望呢？

一旦你了解了對方想要什麼，就可以自行決定是否要採取行動滿足對方。你的欲望也很重要，你不能總是付出而不顧自身。如果在你成長的家庭或文化教育中，強調對人應該要無私地奉獻，那麼最重要的是你要明白你不能夠一直過度付出，最終耗盡自己。要找出最佳平衡點，在**合理的範圍內**為對方盡可能地付出。

大多數人想要的都是非常簡單的東西，例如：我希望在工作上有更多的機會。如廁後記得把馬桶蓋放下。每天問我問題，了解我的近況，並認真關注我的回答。對我好一點。就算有孩子要照顧，我們還是要維持夫妻之間的浪漫。請歸還你借走的鏟子。請分擔家務。為我挺身而出，支持我。在乎我的感受。告訴我你欣賞或喜歡我哪些地方。

很多時候，滿足他人的需求其實不是一件難事，重點在於自己是否願意去做。

就我個人而言，我終於領悟到，滿足他人的願望並不代表屈服於他們，反而像是得到三重獎勵：可以展現我對他人的關懷，解決彼此衝突，並使自己更有立場獲得想要的東西。

你可以挑選一些你還沒做過但合理的事情來回應對方，默默地試驗一小時或一個星期，不用多說什麼，只要觀察後續的反應。然後再挑選其他事情試試，同樣看看會發生什麼。在你心裡或在紙上，列出這段關係中存在的問題，然後逐一去嘗試改變。如果覺得時機恰當，和對方談談你正在做的事情，如果你願意，也談談自己的需求（參見練習43）。

這種練習看似很高標準，但事實上，當你做出改變時，就像順風走下坡路一樣輕鬆自在。你還是要顧及自己的需求，不讓別人欺壓你。透過盡全力滿足他人（合理的）需求，你可以避免陷入困境與爭執中。

想像一下有一些人，他們在照顧自己的同時，也盡可能地滿足你的需求，和這些人在一起是什麼感覺？當你也能做到這一點時，別人和你在一起也會有同樣自在的感覺。

練習 38

承擔你該承擔的，才能放心過生活

當事情出了問題，或是與對方關係出現裂痕的時候，人們往往會指責都是對方的問題，而導致現在的局面。這在短時間或許有用，因為能夠突顯問題，但是也得付出代價：聚焦對方的過失會造成壓力，而且，也更難看到對方的優點——以及自己應該承擔的部分。

這個情況就好比，假設你有個同事，在其他方面可能做得很好，但是常常隨意批評你。或許是因為其他愛八卦的同事多嘴說你的壞話，甚至可能你無意間的確造成了一些問題，而使得同事對你有一些不公平的評價。

要知道，有時候發生的事情確實與你無關，比如綠燈時被酒駕司機撞倒。在某些情況，你本身的責任可能微不足道，甚至不足以構成讓別人傷害你的理由。你可以判斷什麼不是你該承擔的，也就是給了你空間承認什麼是你的責任。

我們對自己的影響力往往比對其他人的影響力還大。每次有事情困擾我的時候，唯有等到我承擔起自己的責任之後，我的內心才真正覺得平靜。雖然重新反思之後，我常發現根本不關我的事！但是，願意承擔才有機會對自己的真誠努力和善良本性充滿信心，而了解自己這一點才能真正放下心來。

練習看清屬於你的責任範圍

正視自己在某個情況下應該扮演的角色可能並不容易，因此，不妨先從鼓舞自己開始做起：記住受人關愛的感覺，了解自己的優點，並提醒自己，認清自己的責任範圍對你和他人會帶來什麼益處。

接下來，選擇一個很難應付的人際關係或情況，花些時間思考以下的問題：

- 此人對待你或其他人的不公之處。
- 此人對你和他人可能帶來的益處。
- 其他人、社會和過去事件造成的影響。

接下來，思考一下自己在此問題中的角色，不論是什麼。可以將自己的行為（包括思想、言語和行動）分成三個類別：

- **無辜的人：**事情發生時正好在場；沒有做錯任何事情；被人指控自己沒做過的事情；因性別、年齡、種族、外表，或其他歧視因素而成為攻擊目標的人。
- **學習機會：**察覺到某些言詞可能會冒犯到別人；承認自己對某事反應過度；決定成為更好的父母；或給予伴侶更多的關愛。
- **道德瑕疵：**有些時候，我們違反了自己內心深處的正直原則，因此值得好好地懺悔。我們都有道德瑕疵，比如待人不公平、貶低他人、懷恨在心、撒謊、無視他人、濫用權力、魯莽行事，或與人冷戰。

學習機會和道德瑕疵兩者之間的區別非常重要。很多時候我們誤以為認錯等於是承認自己的品性有問題，反而阻礙了學習的機會；有時我們會去指責別人缺德，但其實或許他們只是經驗不足才做錯了，然而這種指責通常會使對方更不願意修正他們的行為。當然，有人認為這是經驗不足的問題，另一個人可能會認為是道德瑕疵，這點必須由你自己判定。

當你承認自己犯的錯誤時，要對自己寬容一點，不要過度自責。請記住，你本身有各種優點，承認自身的錯誤是你善良本性的另一種表現。要明白這一點，牢記在心中。

當你認清自己的責任時，讓悲傷或悔恨的情緒自然地湧上心頭，接受一切，然後放下，不要一直沉溺於內疚自責中，這會阻礙你負起責任解決問題。請記住，**是你的責任並不代表別人就沒有責任，珍惜承擔自己責任的機會，有時候也能幫助他人正視他們應負的責任**。

慢慢試著尋找內心的平靜。當你真正認清自身的責任時，也就不會對任何事心存抗拒。你對於自己的責任已有清楚的認知，沒有人能再多說什麼了，這會為你帶來一種解脫、放鬆和開放的感覺，同時也感受到自己的善良本性。

然後，再來想想是否可以採取任何明智和有益的行動，或許是與他人溝通，找出未來的解決方案，或是做一些彌補。此時你需要多花時間思考，也要相信自己會找到正確的解決之道。

當你感受到承擔責任帶來的好處時，不妨真心接受，這絕對是你應得的！對於麻煩問題負起自己的責任，我認為是最難能可貴的事，也是最光榮的事。

練習 39

承認錯誤，向前看

回想從前，有人對你不好，讓你很失望，他們說話尖酸刻薄，搞錯事實，或是有意無意對你造成負面影響，如果對方不認錯（廣義而言，這對我來說就是一種「錯誤」），你可能會沮喪、失望，以後也不願再信任他們，然後拖垮了你們的關係。反之，如果對方願意認錯，可能會讓你感到更安心，對他們更有好感，也更願意承認你本身的錯誤。

有一次，我和成年的兒子出去吃飯，他指出我在他小時候有時過於專制，都不尊重他的意見，我結巴了好一會兒，想迴避問題，但最終我不得不承認他說的都是真的（同時讚揚他說真話的勇氣），也向他保證我以後不會再這樣了。

當我做出這個承諾時，他感覺好多了，我也感覺好多了，我們接著繼續享受美好的事物，比如吃更多的壽司！

認錯，對彼此都好

請記住，承認錯誤並向前看才是對自己最有益處的。認錯，可能看起來好像很軟弱，或好像你以後會過度寬容別人的錯。但事實上，承認錯誤需要極大的勇氣，這會更加強你在人際關係中的地位。

什麼是你的錯，什麼是你們相處的問題，在你心中要能做出區隔，盡量不要過度地放大錯誤，你要能判斷你具體的錯在哪裡。記住本書第一部所探討的，你不需要一味地批評自己，或陷入無盡的罪惡感裡，你要尊重自己，對自己好一些。

明確地向對方承認自己的錯誤，簡單又直接。你可以描述一下當時的情境，也許你那時很累，或正為其他事情煩惱，但盡量避免為自己辯解或開脫。有時，尤其是在情緒激動的情況下，最好只要**誠懇地表達歉意，而不加任何解釋**。

試著理解自己的錯誤對別人造成的後果，你可以用同理和同情的角度提醒自己，你會這麼做，是因為這樣做對當時的你才是好的，然後再花一些時間檢討你的確對他犯了錯。但也不必讓對方因你已經承認過的錯誤而一再打擊你。

必要時，**向對方說清楚如何能幫助你避免再犯同樣的錯誤**或許會有用，比方說，如果他們能在工作會議上少打斷你，你可能比較容易保持冷靜，不會語帶惱怒；如果你的另一半能分擔更多家務和育兒責任，你可能會在累了一天之後更有耐心處理孩子們的爭吵。這麼說可能會是很有效的辦法：真的，我不想再犯這個錯了，我願對此負責。我不是因為X這件事而責怪你，但是，其實如果你能做到Y，對我就是很大的幫助，這是我小小的請求。

要注意一點，不要對他們總是做某事而陷入憤怒的反指控，說這件事很糟糕、真的不可取等等。你只是單純地提出一個明顯合理的請求。對方或許會照你的請求來做，或許不會，你可以特別留意，看看他們會怎麼做。同時，自己也盡可能避免再犯同樣的錯誤。

你要給對方信心，就算你不小心再犯錯，你一定會認錯，並保證你未來不會再這樣了。這些是你最真誠的承諾，而不是只為了應付對方而做做樣子。對方對你放心了，你也保有自尊。

感覺對的時候，就不要再討論過去的錯誤了，現在，該是時候向前邁進了。**轉移到更正面的話題**，與對方建立更積極的關係，感受更輕鬆、更清晰的自己。

練習 40 放下心結就像放下重物一樣輕鬆

幾年前，我對某件事產生了「心結」，我總是批評別人，對那些沒有支持我的人感到憤怒，對一切都感到不滿。

現在想來，我當時做錯了。並不是說我當時沒有受到欺壓，我確實有，問題是，我的心結來自於個人的偏見，充滿了憤怒，凡事只想到我自己。

每次想起這些事，我都會感到激動和沮喪，這種感覺糟透了。我的心結也對其他支持我的人造成了困擾，他們不想被捲入我情緒化的反應中。我一直反覆思考這些不好的事，使我無法集中注意力，錯過更愉快、更有意義的事情。

在一段出了問題的關係中，其中一方或雙方往往會有一份詳細的指控清單，這是正常現象，但很令人遺憾。

我們都必須知道，想修補好關係，最重要的是要能認清一個人的真實面貌，看出對你或他人造成怎樣的傷害，你要先同情並支持自己，然後再採取適當的行動。這樣你才不會因為很氣某人或自以為是，而被情緒牽著走。

別讓過去的陰影影響現在的你，練習放下心結

你身邊是否有一段比較麻煩的人際關係？看看你對那個人有什麼心結，或許與某種不滿、怨恨或衝突有關。不妨退一步思考，自己總結一下，是否受到過去的人生經驗所影響，包括之前的人際關係，甚至可以追溯到童年時期。例如，我小時候很安靜內向，我對那些在學校帶頭排擠我的「孩子王」感到生氣，即使到了數十年後的今天，如果我被排除在某些事情之外，還是會有強烈的反應。

接下來，思考以下的問題：

- 你的這種心結帶來了什麼「好處」？比方說，也許你批評對方是想讓自己對於所發生之事不那麼難過。
- 你陷入這種心結當中，讓自己或是其他人付出了什麼代價？例如，也許是影響到自己的睡眠，或是讓共同的朋友陷入尷尬的處境。

- 陷入這種心結得到的好處，是否值得因此而付出代價呢？
- 現在你在反思這一切時，是否能對自己多一些同情呢？

當你意識到心裡開始浮現各種心結，試圖控制你時，請關注你身體的變化，比如，臉上緊繃和不耐煩的表情、腹部的壓力和心情激動的感覺。然後，看看你是否可以打斷這些心結，將注意力集中在內心脆弱的情感，並賦予同情心。如果你的思緒開始飄回到負面的言語行為時，便再次將注意力轉移到內在情感和身體感受上。

讓這些糾結情緒流過你的身體、隨之釋放、消逝。讓自己像在高山頂上俯視眾生一般，看清整個情況，感受自己的真誠和善良。

放下各種心結，就像鬆手釋放重物一樣。真是一種解脫啊！

練習 41

受委屈時也要做對的事

當別人對你好的時候，你也對他們好並非難事，真正的考驗在於，別人對你不好的時候，你會很自然地想要反擊，當下可能會讓你感覺很好，但是，對方可能也會過度反擊，而讓你們的關係陷入惡性循環，也可能會有別人介入，讓事情更複雜。

人在情緒失控時的反應都不會太好看，而別人也會記住這些事，就不容易以理性的方式解決問題。等你冷靜下來時，內心可能會覺得不好受。

因此，讓我們探索一下該如何捍衛自己，又不會過度反應，引來反擊，對自己和他人造成不良後果。

練習在委屈時捍衛自己，又不會造成不良後果

這些建議可以運用在情緒激動的時候，或是處理麻煩人際關係的因應之道。

保持內心平衡

這個步驟可以在幾次深呼吸或幾分鐘內完成。以下是「心理急救」的幾個重要概念：

- **暫停一下**。很少有人會因為沒有說或沒有做的事情而惹上麻煩。我在進行伴侶諮商工作時，最努力做的事就是讓他們放慢步調，以避免情緒失控和衝動的反應。
- **對自己慈悲一點**。就好像是：唉，好痛啊，我對自己的痛苦感受到溫暖關懷。
- **站在自己這一邊**。這是一種支持自己的態度，並非反對他人。你是自己的盟友，為自己而堅強。

評估事情的嚴重程度

對方可能違反了哪些重要的價值觀或原則？例如，根據0到10的嚴重程度量表（不悅的表情是1，核戰爭是10），評估對方做過或正在做的事有多麼糟糕？你對這件事有什麼看法，事情真的有這麼嚴重嗎？

事件本身並沒有固有的意義，所有的意義都是我們賦予的。如果所發生之事嚴重程度是3級，為什麼在0到10的情緒反應量表上會有5級（甚至9級！）的反應呢？

格局放大來看

花點時間專注於身體的整體感受……整個房間……抬頭看向地平線或天空……想像著大地和天空從你所在地延伸開來……並注意到這種對整體的感知是多麼令人平靜和清晰。把他人所做之事放在你近期生活的整體框架中，這些事可能只是其中的一小部分。同樣地，**將所發生之事放在你一生當中來看，此刻可能也只是其中的一小部分**。

除了受委屈之外，你生活中還有哪些很美好的事情呢？試著感受幾十種真正美好之事，與那些壞事相比較。

尋求支持

當我們被欺壓時，需要他人的「見證」，即使他們無法改變任何事情。試著找到能夠以平衡方式支持你的人，既不會誇大，也不會淡化所發生的事。不妨向朋友、治療師、律師甚至警方尋求好的建議。

傾聽自己的內心

在接下來的篇章中，我將提出具體的建議，教你如何談論困難的議題、解決衝突，以及在必要時對一段關係保持安全距離。在此，我將著重闡述整體觀點。

傾聽自己的直覺和心聲。對於這一段人際關係，你有哪些重要原則嗎？你自己能夠採取什麼關鍵行動呢？你的優先事項是什麼，像是保護自己和他人的安全？如果你要寫一封簡短的信給自己，提供一些好的建議，信中可能會說些什麼？

要體認有些錯誤永遠不會得到糾正，這並不代表要小看此事或為不當行為開脫，有時這就是現實，你一點辦法都沒有。在這種情況下，不妨試著感受那些永遠無法被修復的傷害帶來的悲傷，疼惜自己。

走更高標準的路

正如本書在練習24探討的，最重要的是，當你受委屈時，也要致力於實踐單方面的善意，即使這麼做並不容易。**了解自己「什麼該做」和「什麼不該做」**，對於某些情況和某些人，提醒自己一些特定的「指令」會有幫助，像是：保持專注，不要被他們的指責轉移話題；深呼吸、保持冷靜、切入重點；不必覺得有必要「證明」自己是對的，或是為自己辯護。同時要注意自己的感受，保持冷靜和平衡。

如果你還會再次與這個人互動，思考一下在特定情況下該如何表現，像是家庭聚會、工作的績效評估，或是和現任伴侶在一起巧遇前任時。你可以在腦海中針對不同言行「排練」有技巧的因應方式，這作法聽起來可能有些誇張，但事先練習如何回應會使你在情況變得緊張時，更容易沉著應對。

盡量避免爭吵。與某人合作解決問題是一回事，但是，陷入反覆的爭吵和口角之中又是另一回事。爭吵會像酸一樣腐蝕人際關係。我在二十多歲時認真談過一場戀愛，但我們不時的爭吵終於使我的心如焦土一般，無法培育出婚姻所需的那種愛情。

如果對方開始變得情緒激動，像是說話更大聲、挑釁、威脅、猛烈攻擊，就要刻意與對方保持距離，深呼吸幾次，繼續尋找內心的平靜和力量。他們越是失控，你就越能自我控制。

很多時候，你會發現自己**不需要反抗對方**，把他們的話當作耳邊風，不放在心上，不必與對方爭辯。你的沉默不等於認同，也不代表對方贏了這一點——即使他們贏了，在一週或一年之後，這真的有這麼重要嗎？

如果你發現你在堅持己見，一再強調自己的觀點而否定對方，加足火力攻擊對方……不妨試著保持警覺，提醒自己已經過了頭，再次深呼吸，重新調整自己的心態，然後，再用一種不那麼激進或自以為是的態度表達自己的想法。

溝通時盡量簡潔，或是不要說話，至少暫時停止。我確實傾向強調個人主觀意見，此時我就會想起一位朋友告訴我的縮語：WAIT: Why Am I Talking?（我為什麼要說話），或是WAIST: Why Am I Still Talking?!（我為什麼還在說話）。

你可以承認與對方發生了爭執，然後強調這不是你真正的本意。如果對方還想繼續吵下去，你也不必跟進，畢竟一個巴掌拍不響，只有一個人停止了才能結束。

必要時，暫時或永久地停止與傷害你的人互動，例如，離開房間（或大樓）、掛斷電話、停止發簡訊。要**知道自己的限度在哪裡**，如果有人觸犯這些底線時，你會採取哪些具體、實際的行動。

保持平和

有些人會隨心所欲做自己想做的事，而實際上，有時可能不是好事。許多人會覺得失望：腦子裡有太多事在盤旋、在生活中遇到困難、童年時期遭遇問題、道德觀模糊、思維混亂、內心冷酷，或是真的很自以為是、待人刻薄。這就是現實世界，永遠不會是完美的。

同時，即使外在世界很混亂，我們也需要學著讓自己心境平和。這種平靜來自於保持開放的視野和心靈，凡事盡力而為，並學會放手。

練習 42

改善對話方式才能有效溝通

我處理過許多彼此有矛盾衝突的關係，具體情況各不相同，但背後通常存在一個根本的問題：他們無法有效地談論彼此的爭議，他們會提高聲量、語氣變得激烈，有些人會一直迴避問題的核心，有些人會發脾氣使對話失控，語帶威脅使他人噤若寒蟬。在極端情況下，還會尖叫和咆哮，使孩子感到震驚害怕，惡毒的話也會說出口，有時候甚至需要報警處理。

好的過程會帶來好的結果，不好的結果則是因為過程出了問題。如果我們的人際關係結果不太理想，那就需要改進對話的過程。

你在與對方討論彼此的溝通方式時，焦點會從檯面上或許很有爭議甚至是爆炸性的特定議題轉移開。你正退後一步，從高處俯瞰這段關係，這麼做可以使人冷靜下來，討論如何以更尊重、更有效的方式相互溝通。

練習改善對話方式，修補重要人際關係

對話要有共同目標和改進方針

即使有人單方面不斷偏離主題，也要試著將之視為「共同的」問題和機會來處理，而不是「我要糾正你」。你們的「對話規則」對雙方都適用，對話需提及你們的共同目標，例如，即使離婚了也要共同撫養孩子、工作時開會要有成效，或是建立和諧的友誼讓彼此都感到被傾聽和尊重。強調你很想理解對方，也想盡可能地滿足他們的需求，例如：我確實想了解我到底做錯了什麼事讓你這麼生氣，請不要對我大吼大叫，幫助我了解情況。或是：我跟你一樣，也想確保不會再發生這件事，我們能不能梳理一下這次爭論的原因？

降低火藥味

到了需要檢討對話方式時，情況可能已經很緊張了，或許會讓對方產生防禦心。因此，在引入這個話題時，不妨以輕鬆、平和的方式，不要加劇緊張的氣氛。把重點放在未來，而不是批評過去，將會有所幫助。例如，你可以說：往後在工作中，有人提出建議時，我們是不是可以先說出這個想法不錯的地方，然後再討論可能存在的問題呢？

在某些情況下，你可能需要語氣堅定一點，例如：如果你繼續用這種態度跟我說話，我就要掛電話了。但是，一般來說，請求的口吻會比命令更容易被聽進去，例如：我不是想控制你說話的方式，我只是希望，為了孩子著想，我們是不是可以用不同的方式對話。這是我的請求，而不是命令。

你可以用不指責別人的方式，表達自己的需求或偏好，比方說：我有一個非常霸道、說話又大聲的父親，所以當你像我爸一樣情緒很激動時，我很難聽得進去你說的話。或者，你可以從文化差異的角度來表達你的要求，同時強調這無關好壞，只是有所不同，比方說：在你的家庭裡，大家都很友善、熱鬧、會互相打斷對方說話，沒什麼關係。不過，我從小成長的環境不同，大家都比較嚴謹，會輪流發言。如果我們只是在開心地聊天，我喜歡你家的風格，但是如果我們在談論重要的事情——這跟我自己的文化背景有關——我希望你能夠先聽我說完，再發表自己的看法，我會很感激。

順帶一提，我舉的例子是我個人的說話方式，一方面受到我在加州的成長背景的影響，另一方面也因為我是治療師，所以這是我的說話風格。你可以根據自己的個性和情況調整。雖然有時候溝通要非常謹慎，不能大意，但我已經（痛苦地）學到，在討論對話方式時，要更加小心，以避免額外的衝突。

當需要討論「對話方式」的時候

在對話或會議的過程中，你可以提出一些小建議，以重新回到正軌，例如，你可以問：對不起，我有點迷失方向了，我們討論的主題是什麼？或說：我覺得我們有點情緒激動了，至少我感覺如此，所以我希望我們能放慢一點。你也可以明白地指出：拜託，我不會打斷你，我希望你也不要打斷我。或是：如果我的行為讓你不悅，你是否可以直接跟我說，而不是跟其他人抱怨？

如果這些即時的建議足以解決問題，那就太好了。如果不行，你可以特別關注你和對方的互動方式。如果氣氛相對友好和隨興，你可以這樣說：我注意到，我們在討論這件事時，似乎很不著邊際，並沒有真正解決問題。我們能談一談，看有什麼方法可以幫助我們得出結論嗎？反之，如果雙方存在嚴重且激烈的衝突，不妨表示：我想與你一同和治療師（或經理）會面，討論我們該怎樣才能好好交談，也為將來設定一些基本規則，你什麼時候有空呢？或者你可以說：因為你太生氣又語帶威脅，我不會再和你當面交談了，只會透過簡訊和電子郵件和你書面溝通。如果你寄給我任何侮辱性的言詞，我都會轉交給我的律師。

你不需要任何人的許可才能探討該如何對話，你也不需要別人的同意才能設定你的界限。你不需要過度迎合，只因不想讓對方認為你在批評他們。如果對方試圖轉移話題，你可以回到彼此如何對話的話題上。

可以做或不要做的事

不管是以正式或非正式的方式，具體且明確地表達你希望與對方如何溝通（適用於雙方）可能會有所幫助，以下是一些建議：

可以做的事：

- 練習「智慧的言談」（練習30），說出表達善意、真實、有益、適時、溫和、符合對方期望的話（若可能的話）。
- 從理解彼此的感受開始。
- 在表達不喜歡或不同意之前，先說出你欣賞或贊同的事。
- 下班回家後，先花一些時間重新建立彼此的聯繫，然後再著手解決問題。
- 在適當時機，簡單地運用心理學家馬歇爾．盧森堡（Marshall Rosenberg）*所研究的「非暴力溝通」：當X發生時（具體而客觀地陳述事件，而不是批評你表現得像個混蛋），我感覺到Y（情感，而不說我覺得你是個白癡），因為我需要Z（深層需求，例如：安全感、受到尊重、親密的情感、不受人頤指氣使）。
- 輪流討論彼此關切的話題，給對方公平合理的發言時間。
- 持續關注。
- 詢問對方現在是不是對話的好時機。
- 想想自己對來自不同背景的人無意之間造成的影響。
- 如果對話的過程中過於激烈，不妨請求雙方同意暫停一下，稍後再回來繼續討論，而不是一再迴避。

不要做的事：

- 與同事、朋友、孩子或家人相互八卦，或破壞對方聲譽。
- 撒謊、胡說八道、誤導，或欺騙對方。
- 大吼大叫、尖叫、撞牆、扔東西。
- 互相謾罵或詛咒對方。
- 用貶低和侮辱他人的言語。
- 對別人表現出輕蔑、傲慢或不屑的態度。
- 毫無顧忌地直接進入敏感話題。
- 在飢餓、疲憊或喝酒醉的狀況下爭論。
- 拋出次要議題，特別是容易引起爭議的話題。
- 不回應、逃避或拒絕處理某些議題。
- 抵抗、反擊以迴避處理某些問題。
- 一再使用暴力或威脅。

你可以寫下個人「可以做」和「不要做」的清單，張貼在家裡的冰箱上，或是發送給對方，做為彼此未來對話的基本規則。或是再更進一步，你可以選擇一本兩人都喜歡的書，並同意將之視為彼此有效溝通的關係指南。坊間有很多不錯的指南書籍，我最喜歡的其中一本是溝通專家奧朗・傑・舒佛（Oren Jay Sofer）的《正念溝通》（*Say What You Mean*）。

如果你違背了你們設定的對話規則，就要承認錯誤，並回到「界限」，如果是對方違背，也請明白說出來，並要求對方也重新遵守你們設定好的對話規則，否則，他們會認為超越這些限制也無所謂。如果有人表示想要改善與你的對話方式，但卻不斷違反規則，那麼這件事就需要優先處理。如果還是一再地跨越你的底限，你可能要盡量和這種人保持距離。

你可以對小事放鬆一點，接受自然、隨意的談話風格，只要不口出惡言就好。但是，總體而言，你應該認真看待別人對你的說話態度，還有你對他人的說話態度，也要重視雙方的互動，尤其是在重要的人際關係中。

你有合法的權利和需求，你的要求都是很合理的，其他人也會希望得到同樣的待遇。你並非過於敏感或脆弱，你只是在追求互動和人際關係中整體的幸福，並且你自己願意遵守規則。

* 編按：馬歇爾・盧森堡，非暴力溝通中心（CNVC：The Center for Nonviolent Communication）創始人。著作《非暴力溝通——愛的語言》（*Nonviolent Communication: A Language of Life*）全球銷售上百萬冊。

練習 43 將你想要的真正說出口

我們天生就有需求，從出生的那一刻起，就想要安全、舒適、食物，和受關懷的感覺。孩子們希望從父母那裡得到滿足，同樣地，父母也希望從孩子那裡得到一些，比如凌晨三點乖乖睡覺！

渴望是自然的，因為我們相互依賴，彼此當然會有需求。隨著長大、成年，我們的需求變得更加複雜，表達這些需求可能會越發情緒化，也可能更謹慎或壓抑，雖然這是普遍的現象，卻是人際關係中的主要瓶頸和障礙。如果沒辦法說出你想要的，就無法與他人達成共識。

練習清楚傳達自己的需求

在此，我們將著重介紹如何清楚地傳達自己的需求，這也有助你更加理解和回應他人的需求。在閱讀完本章，了解了自己的渴望之後，不妨找出你生命中的重要人物，想想他們可能渴望得到什麼——尤其是對你的期望和需求。

留意自己的心聲，自在說出來

有些需求很容易表達，例如：請開門。然而，當涉及到更多利害關係和風險時，就會比較難說出口。

你可以嘗試表達多自己的心聲，例如在工作中，你可以這樣說：我希望在團隊中擔任更重要的領導角色。我希望公司能對我的成就給予更多的肯定。面對情人，可以試著說：我希望我們在交談時，你能夠全神貫注地聆聽。你能多關心我一點，而不是老想著性愛嗎？甚或你們是老夫老妻了，可以這樣說：我需要更多的獨處時間。你也應該幫忙洗碗盤。我們可以每週做愛一、兩次嗎？我不想要有孩子，但我知道你想要。我們需要多存一點退休基金。我覺得很難過，希望得到一些安慰。我想對你表達我心中所有的愛。

你看到上述的例子時，是否有哪些讓你感到不自在或退卻，也許心裡會想，哇，這種話我說不出口啊。有些情感和禁忌會讓我們壓抑想要的，以及說出來的方式。例如，在我二十多歲時，很難表達我對愛的渴望。

當你快要說出自己心中深切的渴望時，不妨試著留意心裡浮現的感受或障礙，例如：

- 可能會感到喉嚨緊繃、胃部空虛、焦慮不安、害怕對方會有的反應，或是在衝突不斷的關係中預料到會失敗的感覺。
- 留意是否有不坦率、不直接的跡象，例如使用委婉、含糊或抽象的說法，或過分關注表面之事而忽略了真正在意的問題（例如，執著於某人的不當措辭，而不是勇敢地要求對方更多的尊重）。
- 注意是否與你的成長經歷有關。例如，避談性或金錢等話題，你的父母如何表達他們的需求？當你表達自己的需求時，他們是如何回應你的？
- 思考一下你在性別、社會階級、種族、宗教，或你成長及現在生活的文化背景等方面的社會制約。是不是有過這類念頭：「像我這樣」的人應該想要什麼，以及應該如何表達這些需求？

當你更深入地理解對自身需求的反應時，這些阻礙對你的影響力就會減少，使你能夠更自由地說出你真正想要的。

明確而具體地表達你想要什麼

想像一個非常善良和支持你的人，可能是你認識的某個人、老師或一個精神象徵，問你人生中真正想要什麼。你對於某些人有什麼期望？你希望他們對你有什麼感覺？你希望他們說些什麼、或做些什麼？想想過去發生的不愉快事件，比如大吵一架，你希望對方當時有什麼不同的回應，以及未來會有什麼改變？花點時間思考這些問題，記在心中或紙上，你的答案會是什麼呢？

在一個安全且開放的空間做這個練習，充分表達你的需求，並感受這個你想像的人認真地聆聽你的心聲，這會是什麼感覺？你可以信任並珍惜這種感覺，同時尋找那些能讓你有類似感覺的真實人物，努力去營造與他們的互動，讓你感受到更深層的理解和支持。

我們追求的通常有兩個層面：一、一種**體驗**，二、促成這種體驗的**行動或情境**。體驗是目標，而行動或情境只是實現這個目標的方法。例如，你可能希望在職場上有人更重視你的意見（體驗的目標），你想要對方讚揚或尊重你，讓你感受到自身價值、感覺被包容或被需要（促成這種體驗的行動或情境）。這代表我們不必局限於特定行動或情境，才能實現你想要的體驗目標，有很多方法可以讓你感到有價值、受重視和被關心。

有時候，我們可能過於執著於特定的人以特定的方式說特定的話，以獲得期望的體驗。如果別人這麼做了，那很好，但如果沒有，你該怎麼辦呢？因此，當你在探索自己的需求時，要特別關注你尋求的體驗目標是什麼，別人可以做哪些事情來實現呢？這麼一來，你對他人的要求就會更加靈活，也更有可能獲得你想要的。

盡可能**明確地表達你希望別人做什麼**，這種明確會有多種好處，包括：

- 減少可能的誤解。
- 因為你真實表達了自己的需求，帶給你一種自我尊重的感覺。
- 經常向他人保證你的要求是可行的。
- 在衝突情況下，讓別人明白你的想法，這樣你就會知道對方很清楚你想要什麼。
- 為達成協議提供穩固的基礎，也很容易判斷協議是否得到遵守。

想想一段重要的人際關係，也許是面臨重大挑戰的關係。如果對方能夠給予你所期望的，會是什麼情景？例如，在工作會議上，主管對你會有什麼評價？給你的薪水待遇會是多少？在公司裡會怎麼支持你？在家庭生活中，你的伴侶每星期幫你做幾頓晚飯？絕不會用什麼語氣對孩子說話？會以怎樣的方式觸摸你？何時可以享受親密關係？

試著**將模糊的感受轉化為具體的要求**。假設你想在某人身邊感覺「更好」，那是什麼意思？他們能做些什麼才能幫助你達到這種更好的感覺呢？也許說話用更溫暖的語氣、更少的批評、更加肯定你的貢獻。在大多數關係中，即使在工作中，你都可以提出這些要求。假設你希望你的伴侶和共同育兒的人在家中「提供更多幫助」，這到底是什麼意思呢？也許指的是每天晚上打掃廚房，或是主動協助解決三年級孩子的閱讀問題。

我們對他人的期望也包括他們內心的想法和感受，而不僅只是他們的言行。根據不同的情況，你可能希望對方更有耐心、更堅定地戒酒、更關心你的內心世界，或是更願意對雙方衝突負起自己的責任。這並不代表要成為「思想警察」，就像你可以提醒自己追求更高的行為標準一樣，你可以要求別人也這樣做。

坐下來好好談一談的準則

我們經常以含蓄的方式表達需求，比如靠向伴侶期待一個擁抱，如果光靠眼神便足以提示那就太好了，但如果不行，你就需要更明確地表達。在下一章中，我們將探討如何達成你和他人需求的共識。在此，我們著重於如何公開表明你的需要。

當你準備好要談的時候，越是難以啟齒的事，就越需要在開始之前為自己加油打氣。開始說話時，想像一位智者正坐在你身旁，尊重和鼓勵你。如果可以，對他人抱持善意，即使你的需求可能讓他們感到不自在，但你並不是要對他們不利。

約翰和朱莉・戈特曼（John and Julie Gottman）針對夫妻關係開創性的研究發現，進入一個重要話題時，**緩慢、溫和地引入話題**通常比突然激烈地開場更有效。在適當時機，花一些時間建立情感聯繫，首先聊聊中性或愉快的話題，你能表達一些讚賞或溫暖之情嗎？問問對方最近過得怎麼樣？你希望對方聽你說話，所以最好也要傾聽他們的心聲。這不是操縱，操縱涉及欺騙，而你說的一切都是真心的，就算你的目的是想為更深入的對話奠定基礎。

優秀的夫妻關係諮商師泰瑞．里爾（Terry Real）**強調「我們」這個框架，而不是分為那邊的「你」和這裡的「我」**。在這個框架下，你可以提出你想要的主題，將之描述為與支持彼此之間的關係和共同目標有關。在職場中，這聽起來會像是：我很重視我們的工作關係，想提出一些建議，讓我們的合作更有效率。我們可以談一談嗎？如果現在不方便，你覺得什麼時候比較合適？針對伴侶，你或許可以說：你對我真的很重要，我們的相處模式也會影響到孩子，我最近感到有點不安，我想談談如何改善這種情況，可以嗎？

在對話過程中重新建立「我們」的框架，特別是當你們之中一方或雙方開始感覺彼此正在各自退縮、提高警戒時，這麼做會有幫助。試著徵求對方同意進行此對話，而不是強迫參與。他們可能會感覺你的要求中包含了一些批評，而對話中強調「我們」，以及徵求他們同意一起來談一談，能讓他們感覺更加自在和開放。然而，即使他們真的非常不想談，你還是有權說出你想說的話。

當你開始進入主題時，可以**自然而然提及你追求的未來**，例如，在工作中，你或許可以對經理說：未來我很樂意接受更具挑戰性的專案計畫；我喜歡挑戰自己的感覺，也很想為團隊帶來改變。針對情侶關係，你或許可以說：我知道你在乎我，但我還是希望多聽你說一點甜言蜜語，這會讓我感覺很愉快。如果覺得時機恰當，你可以督促自己勇敢地表達內心最深切的渴望，比如：你對我來說很特別，我希望感受到我對你來說也很特別。

如果真有必要，可以談論過去，但盡可能**將對過去的抱怨轉化成對未來的期許**。人們可能會為了過去所發生的事爭執不休，誰做了什麼、有多嚴重，但實在沒有必要糾纏於過去的爭執，只要針對從今以後該怎麼做達成共識就好了，這樣充滿了希望！當你把個人需求轉化為請求時，對方會更容易接受，而不會覺得受到指使。

你通常無法強迫別人做任何事情，但你可以清楚、有說服力地提出請求，必要時語氣堅定。提出請求並不代表你是軟弱的人，你會觀察對方的行動，再決定自己要如何回應。

如果對方不斷提及過去或指責你，你可以重新將焦點轉向未來，回到你想談論的主題。不妨參考以下這段對話範例：

A：我真的不喜歡我們互相大吼大叫的，希望我們能停止這種行為。

B：你才是經常對我大吼大叫的人！

A：（心想：真是一派胡言。唉，算了，現在爭論過去的事只會讓我無法專心討論我對未來的期望。）不論過去發生了什麼事情，從現在開始，我希望我們能停止互相大吼大叫，對我來說，這點真的很令人討厭。

B：你又在指責我讓你討厭了。

A：我只是不喜歡自己大吼大叫，也不喜歡聽你大吼大叫。我不會再對你這麼做，也希望你能停止這種行為，好嗎？

B：我從來都沒有大吼大叫，你太誇張了！

A：那就沒問題了，我們以後彼此都不再大吼大叫，就不會造成問題了，對吧？

B：好啊，隨便你啦。

A：這點對我來說非常重要。你說你從來沒有對我大吼大叫，我很感激，我也不會再對你大吼大叫了。

B：你總是試圖控制我，就像你控制我們的兒子一樣。

A：（心想：哇，這真是太過分了，還把兒子扯進來。現在的情況可能需要再討論，但是我現在只想專注於不再大聲吼叫一事。）我確實想要改善我們的關係，不再吵吵鬧鬧。但如果這就是你所謂的控制，那麼這是針對我們兩個人，應該不包含我們的兒子。我很高興我們從今以後不再大吼大叫，我真的很感激你願意跟我談這個問題，這對我們的關係和家庭都有好處。

在上述對話中，A沒有被任何次要問題轉移焦點，並且對自己的需求（亦即停止吼叫的行為）毫不妥協。

說出自己想要的可能會令人卻步，對於另一人來說，可能會感到被威脅和厭煩。任何重要到必須坐下來好好談談的事，對你們彼此可能都造成情緒上的衝擊。然而，越是這樣，在表達需求時就越要保持冷靜和平衡，才會使你更有可能達到溝通的目的。

練習 44 達成共識就要做到

人生有許多事不是你自己一個人就可以決定的，你可能必須與你的親人、工作夥伴商量，例如改變工作團隊中的角色、生育孩子或找新室友。人與人之間大多數的安排都不是預先確定的，而是需要雙方都同意後建立起來。

若你們溝通順暢，商量好的事情也能根據需要調整，那麼你們的關係很好，可以共同建立美好事物。然而，若很多事都無法達到共識，衝突無可避免，許多好機會或許就這樣錯過了。

想與周圍的人維持好關係，信任是基礎，而信任的基礎就是彼此意見一致，對事情都能達到共識。當共識被破壞，沒有去修復，導致誤解一再發生，或是當一方連最基本的履行承諾都無法遵守的時候，都會使你們的好關係動搖，有時候甚至可能導致斷絕關係。

我是一個不喜歡受他人控制的人，我領悟到一件事：「共識」實際上可以帶來自由，很多事若與對方**有共識，就不會占據太多時間和注意力**。想獲得對方支持，就要與他們商量，達成共識，然後履行承諾，放心信任彼此。

順利達成共識的方法

尋找共同點

假設你的工作或家庭環境比較傳統，你們想要商量一些事情，像是孩子看電視的時間、經理如何幫你得到升遷機會，或是你和伴侶是否該搬到更安全的社區。也許有人在催促你做一些你不確定的事，或是你在催促他人，也許你希望有人可以支持你的決定。假設你已經表達了你的需求，或是他們也表達了，接下來該怎麼辦呢？

第一步最好是強調雙方都同意的事情，你們都看到哪些事實、都在乎哪些事、共同的價值觀是什麼？若是你們有些事情意見分歧，不妨試著尋找彼此的共同點，例如，你們都想要工作更有效率、在會議中保持禮貌，或養育健康快樂的孩子等。一般人在做事方法上雖然存在分歧，但是通常目標都是一致的，因此，不管是一開始的討論，或是在激烈爭辯不同的方法時，都別忘了雙方共同的目標才是討論的主軸。

如果對方提出一個想法，你可以先說出欣賞之處，嘗試縮小彼此的分歧，使問題更易於處理。例如，在工作中，你或許可以說：**我喜歡你的新公關策略，雖然我對價格有點顧慮**。對於離了婚的前夫或前妻，可能說：我們都會有新的約會對象——有點尷尬，對吧？——但我認為，除非這是一段認真的關係，否則不應該把對象介紹給孩子們。對於朋友，你或許可以說：當然，我們一起吃午飯吧，我只希望能夠去吃好一點的餐廳。

我喜歡保持冷靜、理性分析，並專注於解決問題（你大概早就注意到了！），因此我試著牢記一個原則：首先就要本著同理心、共同的理念、價值觀一起討論，強調你們已經都取得共識的地方，然後劃清和界定仍然存在的問題，這樣的討論才會有結論。

有效商量的方法

即使是最穩定、最幸福的關係，也總會有需要商量事情的時候。以下提供一些建議，讓你們的討論更順利。你可以用一個與某人曾經發生的衝突為具體例子，思考該如何實際運用這些建議。

・一次解決一個問題

我知道你可能累積了很多不滿，很想將所有的委屈和抱怨一股腦兒宣洩出來，但這樣沒什麼效果。最好一次只提出一個問題，正視它，然後專心找出解決方案。在自然對話過程中，你可能需要處理更深層但仍然是相同的問題，比方說，你可能會對朋友表示：你在我臉書貼文上的評論讓我感覺很受傷，你說了什麼內容並不重要，重點在於這不是你善待朋友應有的態度。

如果出現了其他必須先解決的問題，明確地轉換話題，並表明稍後還是必須討論原先的問題，例如：哦，天啊，你說得對，我們必須決定該怎麼處理車子更換煞車的事，但是解決之後，要再回頭討論我們的度假規畫問題。

人際關係有一種根本的議題是，誰可以提出自己的問題，哪些問題應該優先關注和解決。盡你所能突顯自己的議題，任何阻止你表達意見的內部或外部壓力都可以推開。你有發言權，且值得被聽到。如果你想談論X，而對方想談論Y，要決定由誰先發言，同時確保雙方都能談論各自想談的。必要時，不妨事先說明每個議題需要花多少時間。如果可能的話，優先討論對方的問題，或許有助於清除障礙，建立初步的善意。

如果有人不斷提出次要問題，你可以明白指出這一點，再回到你的主題上。如果有人說了一些與主題無關的事，像是嘲諷你的某個朋友或提出不相干的建議，通常當下就算了吧，或許可以記在心裡日後再處理。記得要回到主題，專注於你們討論出來的結果，在你們努力對未來達成共識時，就沒有必要提及過去刺傷對方了。

如果你感覺對方根本無意與你達成任何共識，那就試著談談這個問題。你可以說：也許我錯了，但你真心想在這個問題上和我達成某種共識嗎？你在生我的氣嗎？現在是解決彼此問題的好時機嗎？還是你根本不想承諾任何事情？希望談論這個問題能讓你們重新回到協議的框架。如果不行，你可以暫停一下，稍後再回來討論。或許令人遺憾的是，在必要的時候，你可能需要重新評估這段關係，降低你對對方的期望。

・確立內容

人們對比較抽象的價值觀或概念容易爭論不休，比如職場上什麼才是公平、父母應該對孩子有多寬容、什麼是友善等等。你可以試著用具體、明確的事例來表達，更容易取得共識，特別是如果過去存在誤解、避重就輕或不確定的情況時。例如，工作會議要開多久、議程是什麼、與會人員的角色是什麼？在家庭中，對家務、孩子、寵物、甚或擠牙膏的方式，你希望對方怎麼做？夫妻對於理財觀的爭執，一開始看起來可能像是「小氣鬼」和「浪費鬼」之間的巨大分歧，實際上可能只是每週外出用餐消費二十美元的差異而已——這種差異其實很好解決。

明確且具體地說出你的要求，對方就會明白為你做到這件事可能沒什麼大不了的。你可以清楚地表明，對方只要能夠做到X或Y或Z，就足以讓你心滿意足；或者如果你的伴侶想要更多心靈對話時間，每週花二十分鐘進行幾次交流可能就夠了。你們會發現，照對方的需求來做一點也不難，不但可以解決問題，也可以使雙方都滿意。

你希望每個人要做什麼、何時做以及如何做，要明確地表達出來。你可以說出你同意的部份，並要求對方也這麼做。盡量減少任何含糊不清或模棱兩可的情況，否則的話，最後一定會有人感到失望。

・付出而獲得

大多數的人際關係都涉及某種形式的「協商」與「交換」，這並不代表凡事都要錙銖必較，但從長遠來看，付出與獲得應該是要合理平衡的，關係才會健康長久。因此，試著找出你能做些什麼，好讓對方更樂於照你想要的做。例如，你可以對朋友說：如果我開車，我們可以去我最喜歡的餐廳嗎？在工作中，你可以說：感謝你做了這份報告，我很樂意準備會議複本。總而言之，你可以問這個簡單而有力的問題：我要為你做什麼，能夠幫助你滿足我的要求？

重要的議題通常是彼此相關的，不妨從中找到平衡點。例如，在戀愛關係中常見的一個模式是追逐者／疏遠者：當一方越試圖接近，另一方就越是退縮，這自然而然會使追逐者更想緊緊抓住對方，這時追逐者或許可以說，我會給你更多的空間，而疏遠者可以回答，謝謝，我會好好地表達我對你的愛。當一對夫妻有了孩子之後，有時一方希望更好的團隊合作，而另一方則是希望恢復彼此的親密關係，若是同時滿足這兩種需求可能會有幫助。我記得有位家長對我開玩笑說：前戲從早上我的伴侶為孩子們準備午餐時就開始了。

在一段重要的關係中，即使你的要求只是出於個人喜好，不是為了什麼崇高的理由，甚至對方不理解你為什麼會有那種需求，但他們還是可以滿足你，因為他們在乎你。這樣的關係提升到一個更高的層次，也就是對彼此的關懷。

・**鞏固成果**

你們解決了一個問題之後，你可能會很想立刻去處理下一個問題，但這麼做可能會重新激起衝突，破壞剛剛建立的穩定關係。因為，談論問題其實是很耗費心神的，可能也很有壓力，一直談下去容易使人筋疲力盡，之後就再也不想討論任何問題。

重大的問題不妨透過一系列小商量來解決。你可以在自己心中設想一個漸進發展的步驟，慢慢積累動力，逐步加強信任。

打破共識的時候怎麼辦？

當一項共識被打破時，最重要的是要明白指出這一點。否則，破壞的共識將成為新的標準——在你們的關係中，遵守共識會變得似乎不那麼重要了。如果是你違反了共識，不妨公開承認錯誤，然後重新承諾日後會遵守，或建議一個讓你更容易履行的修訂版本。

如果是對方違背了共識，試著找出原因。你可以小心地處理，不要一開始就帶著嚴厲的指責。或許對方是真的誤解了？例如，一方可能認為「週末前」提交報告是指星期五，而另一方則認為是星期日晚上。或許對方不能遵守都是有原因的，例如，在交通尖峰時段很難做到這件事，而未來需要將這些因素考慮進去？對方只是因為健忘疏忽，還是一開始就沒打算履行協議？或更糟糕的是，他們根本不在乎遵守對你的承諾？這些都是你需要好好思考的事。

如果某個共識被打破是由於誤解、意料之外的情況、或僅僅是因為健忘，通常很容易重新建立，可能做些修改即可。但是，如果對方明顯沒有認真看待彼此的協定——也許對違背你的承諾表現得輕描淡寫、有防禦心、將責任歸咎於你，或是反擊你膽敢批評他們的行為——這就成了需要優先處理的關鍵問題，在處理這個問題時，你可以借鑒本書前面介紹過的方法，保持相對的冷靜和中立。

有時候，有些人可能會抱怨或嘟囔，不情願地重新答應你一些事，你可能就要非常直接甚至嚴肅看待那些態度輕率的人。在工作場合中你或許可以說，不，我可不像你的上一任經理，當你告訴我你會在某個日期完成某件事時，我希望你能說到做到。對於伴侶，你可能說，你能不能像對待工作一樣，認真對待你對我和孩子之間的承諾呢？根據情況，你可能需要非常直言不諱：我一定會遵守與你的約定。雖然我無法強迫你遵守，但我可以告訴你，如果你不遵守，我就會離開你，因為老實說，再這樣下去我會無法信任你。

達成共識非常重要。重視自己的承諾，也要求你周遭的人同樣做到，這對彼此都是一種尊重。

練習 45

深情或淺意，都由你決定

人際關係是建立在共同理解和價值觀的基礎上，如果這只是一段剛萌芽的關係，但是你們的價值觀很合，只要你願意的話，可以努力擴展你們的交情。反之，如果交情很深，但是並沒有共同的價值為基礎，可能會為你和他人帶來風險。

調整交情深淺是很自然的。對於一個不太熟悉的人，若是你知道彼此都關心健康議題，這就給了你們加深交流的機會。或是，也許一個老朋友在你的愛犬才死一個月，就告訴你要忘掉牠，這會讓你想和這種朋友保持距離。

有時兩個人之間存在基本的差異，並沒有誰對誰錯，只是對方也許永遠不像你那樣外向，或者是對藝術或音樂感興趣，因此你開始減少彼此的互動。

想像一個圓圈，代表你與某個人初次認識時的所有可能性，後來發生了一些事情，導致你切割出某些部分，縮小了你們的交流範圍，及對方對你的影響力，例如：

嗯，我們的政治立場截然不同，最好還是不要談論這個話題。

在第一次約會之後，我不想跟他談戀愛了。

他們很有趣，但我不喜歡和他們一起去酒吧。

在我真正需要時，沒有得到太多安慰，我不會再強求了。

我不打算和你分手，但我真的還不想結婚。

我會忍到孩子們上大學，然後認真檢視我們的婚姻。

我愛我的父親，我會照顧他，但他不能和我們住在一起。

調整關係實際上可以維繫你們的關係的發展。你不必切斷所有的聯繫（雖然你最終也有可能選擇走到這一步），還是可以建立一段適合自己的關係，你們的交情要深或淺，端看你有多信任對方、你對對方有什麼期望，你可以根據你的判斷來調整。

對於每段關係想要緊密或淡薄，都可以隨時調整，你的確有這個權利，因此你可以更放心、更自在地擴展一段關係，因為你知道在必要時，你還是可以適度修改。當界限更明確時，維繫某些關係也更容易，而不一定要斷絕往來。

為關係設定界限，練習調整關係

評估情況

創造一個情境，問自己：一般來說，你希望其他人實際如何對待你？你覺得自己在人際關係中應該得到什麼？對於工作、家庭、朋友和鄰居的健康和快樂，你有什麼看法？

接下來，設想一段對你來說很麻煩的人際關係，以及適度調整這段關係可能會有什麼幫助。這種調整可能像是：縮短與親戚的晚餐時間、與同事會面時有第三者在場、避免和朋友談論宗教、在走廊上只是簡短打聲招呼不多作交流、讓普通的友誼逐漸淡化、結束一段戀情、再也不向某個人展示脆弱的一面、不再回某人電話、放棄與某一位親戚和解的任何希望。

針對某些關係，請花點時間仔細思考：是不是有哪些話題特別敏感，容易引起衝突？對方是否一直向你要求一些你不願意做的事？你是否期待他人做某些事，但對方對此缺乏熱情，不想投入？某些特定的情況是不是容易引發問題？你在哪些方面的要求可能超出他們的能力範圍？什麼原因使你們經常感到緊張、挫折和失望？當面臨困難或危急時刻，他們是否會做出正確的選擇？

另一方面，這段關係什麼時候進展順利？你可以安心談論哪些話題？你在哪些方面能信任對方？他們以何種方式關心你？他們珍惜你嗎？他們的社交和感情生活是否有進步和成長的空間？當你從整體、客觀的角度觀察這段關係時，是不是可以採取什麼行動（參考本書之前的章節），解決上述任何問題，而不必淡化關係呢？

思考這段關係對你的重要性，你是否因為工作或家庭因素而不得不與對方保持良好關係？另一方面，如果你再也不見他們，對你來說是否可以接受？你願意花多少努力來修復或處理持續存在的問題，還是你寧願脫離那部分的關係？你是否想要完全結束這段關係？

以如此深入的方式檢視一段關係，可能會讓人感到沉重、惶恐和悲傷。要注意不要輕率地下結論，也不要讓最近的互動影響你的觀點。

不過，你可以認清自己看到的事實。過去是未來最好的預測指標，而長期存在的模式通常很難改變。你可以向對方表達感激、尊重、愛和同理心，同時冷靜明確地認清這個人，以及你們之間可能有的現實互動和關係。

盡力修補

以這些方式評估之後，基本上你有三個選擇：接受對方的一切言行並順其自然、嘗試修補關係，或是調整相處的親疏。如果你決定修補關係，可以運用我們之前探討的許多技巧。例如，如果你經常對同事表達要支持你卻沒做到感到失望，像是他們從不在會議上提及你，你可以表達你的期望，並試圖達成共識，正如我們在前兩章練習討論的。

如果發生了重大的破壞信任的行為，比如撒謊、不忠、偷偷吸毒，或濫用你們的共同基金，**我認為任何有意義的修補關係都必須包括對方的責任和懊悔**，必須給予你所需的保證，讓你相信類似的行為不會再次發生。如果對方開始對他們的所作所為含糊其辭、淡化其重要性，或者叫你應該放下，這會使得你很難再次信任他們，或許代表了你最好淡化這段關係。

如果你和對方某方面存在基本差異，比如你想保持居家環境整齊清潔，而對方不太在意，或是你渴望和對方有深層情感交流，或是彼此有不同的性需求等等，你可以探討是否能相互妥協，尋找一些折衷方案。

雖然我們對生活有自己的設定，但人類在心理上是靈活的，能夠對許多不同的事物產生興趣。明白了這一點，特定問題本身（例如整潔度、心靈交流或性愛）就變成了次要問題，關鍵問題在於：**你是否夠在乎我，和我們之間的關係，而願意做出某種程度的改變？**這才是核心問題——對方也可能向你提出類似的質疑。例如，你可以用探詢（而非指責）的方式提出下列問題：對你來說，我們的關係到底重不重要？我們在交談時，你能多問問我的近況，並對我的回答感興趣嗎？每週一次左右，你能不能激起對我的情慾，並主動促進親密關係呢？因為我對你很重要，安排我媽媽入住安養機構如此艱難，你願意在精神上支持我嗎？

當你付出這些努力時，你會觀察到努力的結果和對方實際的行為。你會看到他們能夠處理哪些問題，也將能夠真正了解他們改善關係的能力，包括承擔自己的責任、對你有同理心、保持文明、共同討論問題等

關係自然需要修復，如果對方忽視你的努力，這在任何重要關係中都是警示信號。如果可以的話，試著談談改善關係本身及其重要性。例如，你可以說：因為我很重視我們的友誼，所

以我在試圖解決我們之間的尷尬。希望我們能有效地談論問題，可以嗎？你覺得我們應該怎麼解決這個問題呢？但願你們的情況有所改善。但是，如果對方連談都不想談，那就是明確的危險信號，通常表明了你有必要重新評估這段關係。

哀悼失去

人人都可能有一些失去的經歷，例如：失去所期盼的愛情；或是孩子們離家後的共同生活；也許你意識到某個事業或專案不會成功，因為其他人缺乏實現計畫的才能或動力；也許是某個朋友始終無法理解你為什麼這麼在乎個人飲食；也許是有一個不願意提拔你的老闆。

面對人際關係的限制，可能會令人感到憤怒、焦慮和悲傷，體認到這點通常很痛苦，人們可能會有一廂情願的想法，或刻意迴避，拒絕面對事實。有時情況可能會自行改善，但是俗話說得好，**希望不等於計畫，與其被動等待，不如採取行動**。希望幻滅雖然可能會帶來痛苦，卻能夠幫助你清醒地面對現實。

在這個過程中，不妨好好面對自己的感受，給自己同情和支持。精神科醫生伊莉莎白・庫伯勒－羅斯（Elisabeth Kübler-Ross）提出面對死亡的經典階段：否認、憤怒、討價還價、沮喪，最後是（希望能達到的階段）接受。＊**承認你所失去的，然後，當感覺準備好時，轉向事實**，即使你擺脫了不好的那部分，也要看向這段關係中美好的那面，然後轉向其他關係和整個世界。這並不是在逃避失去的痛苦，透過轉向美好的事物，你會增強承擔痛苦和悲傷的能力。

當別人以你不喜歡的方式重新調整與你的關係時，會帶給你一種失落感。如果你能和他們談一談，也許修補關係，那就太好了。另一方面，殘酷絕情地斷絕關係其實很普遍，也許是你過去約會的對象突然開始冷落你；你的父親表示不想再和你有任何關係；你的成年女兒不再回你的電話或拒絕讓你見孫子孫女；你的兄弟姊妹莫名其妙開始對你造謠生事；或某些親戚因為政治立場不同而拒絕與你共進晚餐。在這些單方面的疏遠中（其中一些我親身經歷過），以下幾點或許會有所幫助：

- 了解為什麼會發生這件事。
- 確認自己對於此事應負的任何責任——也可能完全不是你的問題。
- 如果對方願意，試著與他們談論這件事情。
- 盡可能了解對方目前所經歷的情況，或許與你無關。
- 試著接受失去，然後放手，在情感上脫離這段關係。
- 轉向仍然存在的美好事物，你可能會發現在生命中，真正關心你的人是誰。

即便你對這些事已經很有智慧，但被你關心的人疏遠仍然是痛苦的經歷，可能需要很長時間才能達到內心的平靜。有時候，你唯一能做的就是在生活中其他方面盡可能過得好，並忍受當你想到這個人時的痛苦。

劃定界限

重新調整關係的重點在於，我們或多或少放棄相處中的某些部份，但整體而言還是欣賞對方的。幾乎所有人際關係都有一些缺失（對其他人來說也是如此，正視這一點是謙卑和誠實的，或許可以談談這些缺失）。根據不同的關係類型，可能無法在某些方面達成共識，比如說，也許彼此無法分享人生價值觀、無法一起進行商業計畫、性生活不完美，也許你執著於追求某件事情已經為彼此帶來了壓力和衝突。

或是你可能必須與某人維繫關係，但你在內心深處已經想保持距離。你可以適度地維持禮貌和友好，同時拒絕爭論某些話題，以後不再一起合作，不再共乘同一輛車。有些人喜歡透過爭吵或刺激他人的情緒反應來建立聯繫，如果是這樣，你可以避免在他們的劇本中扮演這些角色。想一想他們向你丟出的誘餌，以及你以前是如何被捲入其中的，從現在開始你可以做些什麼來避開這些互動。也許你需要出席某些場合，例如節日晚餐，但同時保留如果有人飲酒過度就離開的權利。

我們設定的許多界限都是放在心中的，通常都可以接受也很合宜，不需要向對方宣告或解釋，避免一些沒必要的爭論。另一方面，你可能希望表明自己的立場，如果你要這麼做，可以給出原因，然而，只要陳述不多做解釋，或許是最簡單的方式，可避免陷入爭論。

根據不同的關係，你可以說：

我必須在下午五點半之前下班，以便及時回家與孩子們共進晚餐。

我不能再借錢給你了。

我會繼續和——做朋友，就算你不喜歡他們。

如果你再說出那種話，我就要走了。

如果你表現得像要使用暴力似的，我會撥打一一九。

我不會再承擔超過一半以上的家務了。

如果我們想要有親密關係，我需要有被愛的感覺，而非只是性事。

不，我拒絕和那個侵犯我的叔叔一起過感恩節。

我想讓你探望你的孫子孫女，但請遵守我們對孩子飲食的相關規定。

要是我在你房間裡發現毒品的話，我會把它們沖進馬桶。

我不想再談論上帝了。

我不喜歡看足球，誰輸誰贏都無所謂。

如果你想告訴某人你的界限，可先在心中想清楚要說的話（或是在紙上寫下來），可能會有所幫助。你有權設定界限並重新調整關係，如果你過去的界限沒有受到對方尊重，那麼主張這種權利（直白地說，這是權力）尤其重要。娜卓・塔瓦布（Nedra Tawwab）的作品《設限，才有好關係》（*Set Boundaries, Find Peace*）是一本關於設定界限的最佳指南，涵蓋了內心態度和外在技巧，並借鑒了塔瓦布身為治療師和人際關係專家的深厚背景。

在調整關係的過程中，有時會很容易陷入報復和懲罰的誘惑。短期來看，這可能會讓你感到爽快，但從長遠來看，你會後悔的，我自己有過深刻體驗。

即使你需要完全與另一個人斷絕關係，也要盡量以謹慎的方式處理，讓自己就算在街上巧遇對方，也不會感到不安。

＊編按：伊莉莎白．庫伯勒-羅斯在其一九六九年的著作《論生死與臨終》（*On Death and Dying*）中描述人們遭遇哀傷和災難時會經歷「悲傷五階段」：否認、憤怒、討價還價、沮喪、接受。也被稱為「庫伯勒-羅斯模型」，至今仍有影響力。

練習 46

原諒，使你變得更強大

原諒有兩種不同的意義：

· 停止怨恨或憤怒
· 寬恕罪行，不再尋求懲罰

我將專注於第一種意義，適用情況包括你可能還沒準備好完全原諒某個人，但仍然希望對發生的事情釋懷。原諒他人與追求正義可以並行不悖，你可以認為某個行為應受道德譴責，同時也放下對犯錯的人的憤怒。你可能還是會對自己和他人受到的影響感到難過，並採取行動確保不會再次發生，但同時也不再感到委屈、責怪或心存報復。

原諒人聽起來好像很崇高，似乎只適用於大事，比如犯罪或通姦，然而，現實生活中大多數的原諒都是針對日常生活的小傷害，像是別人讓你感到失望、挫敗、困擾，或是讓你感到不舒服的時候。

從寬恕行為中獲益最多的往往是原諒他人的人。有時候，被原諒的對象根本不知道已經得到原諒了，甚至可能一開始就不知道你受了委屈！但原諒使你不再受憤怒和報復困擾，擺脫對過去和他人的情緒糾結。當你原諒人時，內心的善良天性也逐漸顯露出來。

順應自己的心，練習原諒別人

你並不一定要原諒任何人，如果寬恕是迫於無奈、不情願或不真實的，就不算是真心原諒。有時候我們只是還沒準備好要原諒人，或許是還為時尚早，或是發生的事情難以原諒，別讓人逼迫你做違背心意的事。若你直覺認為自己已經可以原諒某人，但內心卻有個阻礙，不妨試著探索個中原因，也許是在告訴你，你需要更了解對方的動機才行，或是你需要對他們做的事發洩你的憤怒。你可以花時間決定是否要原諒。當你決定這樣做時，可以嘗試以下建議。

善待自己

當你受到極度壓迫或嚴重虐待時，很難去原諒。盡你所能保護自己和身邊的人，盡可能修復傷害，必要時調整關係，努力讓自己的生活變得美好。你可以原諒別人，同時疏遠對方，甚至斷絕彼此的關係。

尋求支持

如果有人站在你這邊，明白你受到的欺壓，通常會更容易原諒某人。那些支持你的人或許無法改變已經發生的事，但只要知道他們看到了你的經歷，並且關心你，這會帶來很大的幫助。

正視自己的感受

寬恕並不代表要壓抑你的情感反應，讓自己的想法、感受和欲望有喘息的空間，隨著時間發展自然地起伏。在一個正念覺知的寬闊空間裡，接納你的整體經驗，可以幫助你對所發生之事有一種圓滿解決的感覺。這本身是好的，也有助原諒的過程。

檢視自己的詮釋

小心不要過度誇大，說一件事有多麼可怕、嚴重，或到了不可原諒的程度。當然也要注意不要對他人的意圖做出假設（可參考練習20）。在現代生活中，人們經常處於壓力和心煩意亂的狀態，也許你只是很倒楣，碰上了某人糟糕的一天。不妨以全面的觀點來評估事件：真的是那麼嚴重嗎？也許是，但也可能不是。

體會寬恕的價值

問自己：我的怨恨、指責讓我付出了什麼代價？對我在乎的人造成了什麼影響？如果放下這些負擔，會是什麼感覺呢？思考自身真正的好處在哪裡。想像你的怒氣、憤慨和怨恨就像身上背負著石頭一樣，注意它們有多麼沉重……如果把它們全部扔進大海裡，感覺如何？

看清背後原因

想一想傷害你的人背後的許多因素，例如他們的童年、父母、財務狀況、性格、健康情況等等。這不是要淡化他們的所作所為，或忽視他們的責任，而是為了你自己好，將此事放在更宏觀的背景來看。當你看到其他因素對別人造成的影響時，就能夠更客觀地理解他們的行為，就算你還是不認同，也有助減輕他們帶來的傷害。看看你生活中的許多事物，包括現在、過去和未來，這些事情都是很美好的，並且不受對方的影響。

接受生活中的傷痛

有一個禪宗故事，雲門大師（Master Yunmen）被問到：當樹木凋零、葉子飄落時，是怎樣的狀態？他回答：身體暴露在金色的風中。*

這段教導有很深層的意義，我還在不斷探索中。有一件事很清楚：要享受我們在人際關係中所有的美好事物（金色的風），就必須活得坦誠無畏……包括受傷。人多少都會受到傷害，這是不可避免的。人類是大猴子，才剛離開樹林，有時候會做出一些糟糕的事，這不是辯解，而是要認清這個事實。有時別人不公不義對你之後還能逃脫懲罰，這雖然不對，但我們要面對現實。從這個角度來看，就不是個人問題了，這就是人生，是與他人共同生活和互動的現實。當這種情況發生時，我們既可以抵抗被欺壓，同時也能對此抱持超然的看法。

告訴自己，或許也告訴對方

當你準備好要原諒某人時，你可以對自己說出來，看看感覺如何，例如：我原諒你……我放手了……我仍然認為這是不對的行為，但我不想再讓這件事困擾我了。找到對你來說感覺真實的言辭。

然後，如果你願意的話，告訴對方這一點。希望他們能接受你的原諒，即使不能，你還是可以在心中享受原諒他人的好處——同時更看清這個人。

---

* 譯注：雲門大師這段話傳達的含義是，面對自然界變化和生命的無常，應該以平靜的態度接納一切，就像樹木凋零、葉子飄落，身體感受到自然的影響。金色的風在此具有象徵意義，表達特殊的美好。

Part Six

愛這個世界

練習 47

愛真實的一切

在我成長的過程中，我的家庭和學校都給我一種不穩定的感覺，我不明白為什麼我父母和許多同學經常對看似微不足道的小事，做出強烈憤怒或恐懼的反應，這讓我內心也很不安定，我無法理解自己的感受和反應，外在和內心都感覺懸在空中。

因此，我試著尋找穩定的基礎，想要看清並理解究竟什麼是真實的。我們家附近的橘子園和山丘環境自然而舒適，只要有可能，我就會去那裡。我開始閱讀科幻小說，喜歡那個有秩序的宇宙，在當中可以找出太空船無法運作的原因，並進行修復。

我也試圖理解別人和我自己內心的真實感受。為什麼我媽媽總是脾氣不好？哦，她在生我爸爸的氣。為什麼這個惡霸要欺負我？哦，他想在朋友面前逞威風。為什麼那個女孩看起來很受傷？哦，因為我做了一件壞事。為什麼我在團體中這麼畏縮？哦，我怕他們會取笑我。

多年後，真實的情況、真實的感受成為我生命重要的避風港。當然，還是有謎團存在，我們對真實的描述是不完整的，也受到文化的影響。然而，從腸道中的微生物和心靈的感受，乃至於兩個黑洞碰撞在一起引起的時空漣漪——我們對許多事依然能了解。

除了知道什麼是真實的，我們也可以愛它，對它的存在感到驚歎，因為得以看清真相、不被欺騙或迷惑而感到安心。我們不必喜歡真實的事，但是可以**愛這種真實性**。

不健康的個人、夫妻、家庭、組織和政府，有什麼共同點？他們都會隱藏、扭曲或攻擊真正的事實，例如，「家族祕密」就是典型的麻煩徵兆，用美好的說法去隱藏不好的事實，例如：哦，媽媽沒有喝那麼多酒……哦，叔叔並不可怕，他只是喜歡和人親暱。

反之，健康的個人、夫妻、家庭、組織和政府，有什麼共同點？他們都以真實為基礎，致力尋求真理，並幫助他人理解真相。他們會說實話，並盡力處理一切真相。

發現身邊真實的一切，是愛的依據

我喜歡**從實物開始**，比如手裡的石頭、杯子裡的水或桌上的書。讓你的感知從一個物體轉移到另一個物體，無論是看到的、聽到的、觸摸到的，或想像得到的，一個接一個，全都是真實的……從手中握著的石頭到大腦建構出形狀和質地的感覺：這一切都是真實的！在呼吸片刻或更長的時間內，意識到一個又一個的真實事物：植物和動物、叉子和湯匙、大地和天空、天上的星星和地下的蟲子……不勝枚舉。如果你能夠放鬆並敞開心扉，就會湧現一股狂喜、感恩，和敬畏之情。

每個人都依靠無數真實事物來支持我們，例如，在坐著、站著或行走時，感受你的骨骼是如何支撐著身體。調整一下姿勢，直到你感到穩固的支撐，感受到直立和堅定的感覺，真正地體驗這種非常實質的支持力量。你可以從堅固的牆壁、電燈，到花瓶裡的花朵或朋友的照片，看到許多提供保護、幫助或讓你快樂的事物。你可以回想起一個支持你的人，花點時間感受這個人的真實存在，以及他們對你的真實支持。當你面對生活中的挑戰時（包括那些不支持你的人），最重要的是要欣賞任何你能找到的真實支持。

任何你認為**神聖的事**都是真實的存在，或許與宗教或靈性有關，也可能攸關你**珍惜的任何事物**，例如古老的紅杉樹、孩子眼中的光芒或人心中的善良本質。或許你和我一樣，並不會時時刻刻意識到自己最珍惜的事物，然而，當你回首時——也許是在婚禮或葬禮上，或是佇立在海邊時——你會有一種回家的感覺，一種「恍然大悟」的感覺，知道這很重要，值得你的愛。

愛一切的真實事物是對於自己和萬物存在的基本感恩，這種愛是接納的、謙卑的、尊重的。許多真實的事物或許令人感到壓力和不公，我們並不希望這些事發生在他人身上，也不希望發生在自己身上，但我們仍然可以接納包括這些事物在內的一切真實。

愛一切真實事物會讓你更容易面對自己可能一直在逃避的事，像是關於你的健康、財務或人際關係等事實，或自己內心深處隱藏的部分。你可以想一想，就像我最近所做的，同理心或憤怒對他人產生的真實影響，以及如何好好地利用剩下的歲月和生活中的每一天。你能夠以真實的愛為依據，來面對和處理重要的事情嗎？

愛真實事物的方法之一，就是**傾聽或尋找人們真實的表達**。你的朋友或家人真正的內心狀態如何？他們渴望什麼呢？哪裡感到痛苦？就像我們的經歷對自己來說是真實的，他們的經歷對他們來說也是敏銳而痛苦的事實。你可以感受到他們內心世界的沉重，即使你不完全認同對方內心可能存在的想法或感受，你還是可以尊重其真實性，這會使你對此感到更加自在。

無論是在家庭還是在國家內，**說出真相**，並支持那些講真話的人，是一種積極又勇敢的表達愛真實的方式。有時這麼做可能並不安全，例如某些政府會懲罰公開的異議。有時這麼做可能不適當，例如向年邁的父母揭示他們對你孩童時期造成的影響。但你總是可以在自己的內心深處告訴自己真相。

真實是我們寶貴的避難所，是我們可以依靠的，包括每個人內心的真善美、對他人真正的美好祝福、每天真正的努力、真正的內在覺醒。你可以愛自己內在的真實，透過這份愛，通往無所不在的真實。

練習48 為所有的美好堅定信心

我所謂的「堅定信心」包含了幾個相關的含義：

- 感受自己的內心和胸膛
- 在所有美好的事物中尋求鼓勵
- 依附在自己的溫暖、同情和善良中；依附在別人對你的關愛之中；感受愛的自由流動
- 勇敢、全心全意、堅強；即使你感到焦慮，也要明智地行動，了解自己的真心，並盡可能地表達出來

當你堅定信心時，你就更能夠好好地面對衰老、疾病、創傷或與他人衝突等挑戰，也將能

更有自信和毅力地把握機會。

即使是平凡的生活也需要勇氣，在真正艱難的時刻，更需要有勇氣去面對、承受和超越這些困難。個人的困難時刻可能包括健康狀況不良、父母離世或遭他人背叛等壞消息。或者可能與自己的國家和世界局勢的變化有關，以及擔憂這些變化對自己和他人造成的影響。

有很多值得我們尊敬和效法的榜樣，這些人在面對著極大的困難時，展現出尊嚴、原則和勇氣。他們做到了，我們也可以。

練習感受世界，你將更有信心

首先從熬過難關開始。無論是在校園裡，還是在世界另一端的難民營裡，當重大事件發生時，感到震驚和不安是很自然的。此時，保持原始經驗，注意身體的感覺、深刻的情緒、激起的恐懼和憤怒，但不要陷入困擾思緒中，對我們面對這些不安會有幫助。

不論發生什麼事，這些都是自己的經歷，如果你比其他人更容易受到影響，那也沒關係。你可以留意在寬闊的意識空間中流動的一切，觀察它而不是淹沒其中。

當面臨重大的困難時，做一些簡單的事情，幫助你回到中心找回立足點，例如，整理床鋪或打電話給朋友。照顧好自己的身體，為自己做一頓美食，並努力獲得充足的睡眠。深呼吸，或許稍微冥想一下。

當你發現事實確實在發生，注意到你當下基本上還好——在此時此刻，及隨後的每一刻——依然在呼吸，心跳依然穩定，並沒有完全被壓垮。在某個地方尋找快樂的感覺，也許是橘子的氣味或溫水在臉上的感覺，看看樹木和天空，喝杯茶，放空一下。

守護和引導你的注意力。一方面，努力尋找事實並盡可能制定最好的計畫，另一方面，不要讓無關緊要的新聞或他人的言論分散注意力，或造成情緒困擾，因為這些事對你的生活沒有任何實用價值。

在眾多美好的事物中堅定信心。在外在世界，有別人的善良、美麗的落葉，還有無論被什麼隱藏卻依然閃耀的星星。

此時此刻，當你閱讀這些文字時，世界各地的孩子們正在歡笑，家人正團聚享用美食，嬰兒正在誕生，愛的雙臂正緊緊擁抱著即將離世的人。在你的內心，有你的仁慈、真誠的努力、美好的回憶、才能，以及其他許多事物。

與他人一起堅定信心，互相分享煩惱、支持和友誼。

做好自己能夠掌控的事。發生的事情越是混亂、令人震驚，或超出你的控制範圍，就越需要以你能做到的方式專注於穩定、安全和主動性。

勇敢一點。強大的勢力總是試圖讓他人感到困惑和恐懼，同時，你可以保留自己的內在力量，內心永不畏縮或屈服。

最後，我發現能看透一切真的很有幫助。不必淡化任何一件糟糕的事，但是要體認到我們人類已經在地球上存在了三十萬年的事實。我看到樹木、土地、海洋——**這一切都存在於我之前，在我之後也會持續存在**。還有帝國的崛起和滅亡。

有時，即使身體、婚姻或國家等中心不再保持穩定，但人們仍然彼此相愛，為陌生人不遺餘力，對彩虹感到驚歎。真的沒有任何事情能夠改變這一切，讓我們繼續互相鼓勵，一步一步地向前邁進。

練習 49

做對的選擇，投下寶貴的一票

即使在擁有數十億人口的世界中，我們的行為無論是好是壞，都會相互影響，我們與每一個人都息息相關。在這本探討與人互動的書中，或許也應該思考我們共享社會中的政治關係。政治管理可能看似抽象而遙遠，但後果卻是與個人密切相關的。

你可能對經濟、對氣候變遷帶來的風暴和乾旱、對全球蔓延的新疾病感到擔憂，你可能對世界各地威權主義的崛起感到驚懼，你可能和我一樣，對美國奴隸制度、種族主義和社會不公的悠久歷史感到震驚，你可能也對我們後代子孫將要承續的世界深感憂慮。

當某些事件發生時，例如一名黑人男子被一名白人警察謀殺，人們自然會感到錯愕、震驚和無能為力，同時感到極度憤怒或深切的悲傷。然而，即使在這樣的情況下，你還是可以保持正念，意識到當下的狀態，而不至於被完全襲捲。然後在某個時刻，深呼吸，環顧四周，試圖弄清楚該怎麼做。

其中一個作法就是**投票**。投票有許多不同的形式，除了選票上的選擇外，當我們簽署請願書，或捐款給某個志業單位或候選人時，也是一種投票，同時是一種帶有後果的選擇。廣義而言，當我們為任何受到虐待的人發聲，或是當你在心中採取某個道德立場時，這些也是在投票。投票 Vote，英文字的根源是誓言 vow：做出承諾，宣告你擁有的力量——並善加利用。

有人可能會說，這沒有意義。任何單一的承諾，任何單一的選票，都有如滄海一粟，渺小得微不足道。

但是每一個選擇，對於做出該選擇的人來說都很重要。知道自己致力於某件事，並且信守諾言，你已經展現了言行一致，這本身就是很棒的感覺。此外，這也是對抗無助和絕望的強大解藥。

此外，當其他人看到你採取行動時，可能會激勵他們做出正面改變。許多小小的努力逐漸積累起來，滴水成河，最終可形成一股強大的力量。我於一九六〇年代後期成年，這段時期，我見證了公民權、環保主義、同性婚姻和婦女權益方面的重大改進。這些變革是無數個「選票」隨著時間累積的結果。

我們還有很長的路要走。我們投下的票——包括實際選票和我們的言行選擇——雖然並不能保證成功，但是，如果我們一次又一次不去投票，那麼失敗就是必然的結果。

珍惜你的價值觀，投票就是做出選擇

根據事實投票

對事實模糊不清就像閉著眼睛開車一樣。有人說，我們無法真正了解國家政府或氣候變化等重大事情的真相，要怎麼做對的選擇？我認為這充其量是懶惰不去了解的藉口。基本事實通常很容易看清楚。誰變得更富有，誰變得更貧窮？冰川是否正在融化？誰在加強民主，誰在削弱民主？只要花十到二十分鐘在網上查閱可靠資料來源，就可以得到很多資訊，特別是當這些來源前後一致時。

根據不同問題，你可以從大學研究所、科學和專業組織、無黨派非營利組織、維基百科，以及主要新聞機構如BBC和《紐約時報》等，找到適合普羅大眾的清楚摘要。這些來源並不完美，但之所以可信，是因為彼此競爭追求準確性，當出現錯誤時，也會進行更正。

我們深深地受到現實事件的影響，無論是在家中走廊，還是在權力的殿堂。當有人告訴你，別擔心。你不需要知道真相，也不需要擔心那些事……通常這才是你需要擔心的時候。那些為了維護自己的權威而撒謊的人，削弱了自己的可信度。

任何個人、團體或政府，說事實無關緊要、企圖掩蓋事實或散布假訊息以排擠真相，都是在攻擊所有健全關係的基礎。

投下你的選票

投票是意見表達的一種方式，而投票本身並無黨派之分。在美國總統選舉中，大約有五分之二的人不願意投票，十八至二十五歲的年輕人甚至更少參與，儘管他們將最直接地承受全球暖化、貧富不均和其他嚴重社會問題的後果。投票是神聖的，正如眾議員約翰．路易斯（John Lewis）在去世前幾天所寫的：「民主並不是一個狀態，而是一個行動。」

對抗惡意行為

本著善意辯論政治就是一種行動，這樣大家就會共同關注事實真相，若有什麼行為你不應該做的，好吧，我也不應該這樣做。正如我們所見，說真話和公平競爭是所有關係的基礎，從一對夫婦到國家的數百萬人都是如此。在體育或商業活動中，不容許撒謊和作弊，那麼，我們為什麼要在政治中容忍這種行為呢？

你可以忽略臉書上的一些惡意評論，或者溫和地向持有不同觀點的朋友提出請求，看你們是否可以用不同的方式談論政治議題。當對方顯然不願意與你善意對話時，你或許可以說：你到底想要達到什麼目的？你一直在說一些不是事實或無關緊要的事，你只是想轉移話題，根本不想面對我說的內容。即使你無法與那個人達成任何共識，也不算浪費時間，因為你可能會對其他旁觀的人產生很好的影響。

為他人挺身而出

一九六三年，我十歲時，在北卡羅來納州某個加油站的洗手間，看到三扇門上面標示著：男人、女人、有色人種……我記得當下受到的震驚。我的生活也經歷過困難，但身為一個白人男性，我在很多方面都處於優勢。我看著我的房子和積蓄，知道這些是三件事的結果：個人努力、運氣（好或壞，包括基因的機運）、和透過剝奪他人權益而獲得的優勢。我擁有的財富中有一部分來自過去和現今社會對婦女、有色人種和其他弱勢族群的歧視。這個比例不是百分之百，但肯定不是零，不管是多少，都是不義之財。

大多數人並不會刻意計畫剝奪他人權益，這麼說是因為感覺悲傷而非羞愧，是出於同情心和自詡正義。對於我們這些體制上的既得利益者來說，我認為我們特別有責任去盡一己之力。當我們以理念和言語表達自己的選擇時，可以傾聽他人的聲音，感受言語的重量，努力學習而不預設立場，並體認到對他人的影響（無論是有意或無意的），真誠地渴望成為盟友，並繼續努力成為更好的盟友。當我們在投票時，可以選擇支持那些致力於保護年輕人、解決種族不平等問題，並為每個人創造公平機會的政治家和政策。

為自己投票

在內心深處，我們每個人都有能力看到事實，珍惜自己重視的價值觀，並制定自己的計畫。大聲說出來可能並不安全或沒有用，但總是可以在心中對自己說。

這也是一種投票。無論世界上發生什麼事，我們總是可以在自己的心中投票選擇，就好像每個人都擁有一個內在投票所，我們可以在那裡尋求庇護，相信自己的選擇。

我從那些比我承受更大苦難的人身上汲取指引和力量，他們以自身的苦難和傷痛為依據，告訴我們在心中能做的事。這些人大多默默無名，然而他們的話還是有巨大的影響力。有些則是眾所周知的人物，比如達賴喇嘛。

我記得看過一次達賴喇嘛的訪談，描述了西藏人在自己的國家受到的可怕待遇。從他的臉龐、語氣和言辭中，他表達了人類擁有不可剝奪的自由，可以自主做出選擇，並善用自己這股力量——同時對眾生慈悲。

練習 ● 50

珍愛地球——宇宙的奇蹟

我們的大腦有三個主要的動機系統，包括避免傷害、追求獎勵，和依附我們關心的人，這些系統利用許多神經網路來實現其目標。最近我開始意識到有第四個動機系統可能正在形成。人類靠狩獵採集為生的祖先沒有太多的能力來傷害世界，也不太了解他們對環境的影響。可是如今，人類擁有巨大的力量，既能幫助也能傷害世界。我們深知人類對地球造成無可否認的破壞，八十億人口正在挑戰地球的極限。隨著環境升溫、許多物種滅絕、淡水等資源減少，為了我們的物種生存和繁榮，文化和生物演化或許在呼喚我們要珍愛地球。

這是最基本的關係，是我們每個人與共享的地球之間的關係，因此我認為有必要在本書的最後一章探討。

練習珍愛地球

世界就在你的身邊，在食用的食物中、呼吸的空氣中，以及每天經歷的天氣和氣候中，都可以感受到。進一步延伸，也包括陸地、海洋和天空中複雜的生命網。當我們珍愛地球時，我們不僅欣賞它，也在乎它。

尋找機會享受和珍惜自然界中不同的美好，從身邊的事物開始，如綻放的花朵、提供遮蔭的樹木、在植物間穿梭的蜜蜂，乃至我們共享的廣闊家園，就像是動植物透過氧氣和二氧化碳的交換系統互相維持生命。

我們可以讚歎這種偶然的機遇，使我們的地球在太陽系早期形成的過程中倖存下來，並找到一個容許液態水留在地表的軌道……更令人驚奇的是，整個宇宙的誕生，猶如最巨大的安樂窩，在此非凡的奇蹟中我們度過平凡的生活。

你可以主動尋找方法來保護和培育我們脆弱而珍貴的地球。我們都參與了開採和污染系統，以及對無數其他物種的沉重打擊。沒有人能做到一切，但每個人都能做出一點貢獻。選擇對你來說重要的事：也許少吃一點肉或完全不吃肉；隨手關燈；每天花大約一美元支持減碳計畫，抵消日常活動造成的碳排放；種樹；盡力做到資源回收；支持那些致力於限制並最終扭轉全球暖化問題的有志之士和政黨。

最重要的是，我們與地球究竟有什麼樣的關係？我們是不是將地球視為可開發利用的對象、一個對手，或者疏遠的對象？還是將地球視為珍貴的朋友、一個脆弱的避難所，和心愛的家園？

無論我們身在何處，讓我們共同生活在熱愛的世界中。

致謝

我們從身邊每個人身上，都能學到一些人際關係的相關經驗，因此，我恐怕無法向所有人充分表達感謝之意，我只能簡單地說，我的妻子和孩子是我最好的老師。

我也從親愛的朋友那裡學到了很多東西，包括 Adhimutti Bhikkhuni、Peter Baumann、Stuart Bell、Tom Bowlin、Tara Brach、John Casey、Caren Cole、Mark Coleman、Andy Dreitcer、Daniel Ellenberg、Pam Handleman、John Kleiner、Marc Lesser、Roddy McCalley、Rick Mendius、John Prendergast、Henry Shukman、Michael Taft、Bob Truog。當我還是加州大學洛杉磯分校一名害羞而笨拙的大學生時，有幾位對我很重要的啟蒙導師，特別是 Carol Hetrick、Chuck Rusch、Mike Van Horn 和 Jules Zentner。

心理學領域深入探討了人際關係，在這本書中，我借鑒了依附理論（Attachment

Theory）、家庭系統理論（Family Systems Theory）和非暴力溝通（Nonviolent Communication），以及我三十五年來個人和夫妻的治療經驗。我非常感謝所有曾經信任過我來找我諮商的人。在禪修傳統中也有很多實用的智慧，包括我最熟悉的早期佛教教義。感謝 Leslie Booker 和 Mamphela Ramphele 幫助我更加意識到自己的特權和偏見，使我在溝通方面更加熟練。

本書也納入我每週免費的電子報 Just One Thing 當中刊載的一些短文。多年來，我收到了許多讀者提供的有益評論——感謝你們！

感謝 Charlotte Nuessle 為本書提供的實用意見，當然也要感謝耐心又睿智的編輯 Donna Loffredo 提出的許多寶貴建議和修正，以及 Diana Drew 精確的校對，企鵝藍燈書屋（Penguin Random House）的整個團隊真的是令人愉快的工作夥伴。自始至終，我的朋友兼經紀人 Amy Rennert 以她令人驚歎的善良和專業知識指導我。感謝我們 Being Well, Inc. 團隊，由 Stephanie Veillon 領導，當中成員包括 Forrest Hanson、Michelle Keane、Sui Oakland、Paul Van de Riet、Marion Reynolds 和 Andrew Schuman——從共事的第一天開始，我們彼此就建立了良好的關係！

感謝大家，願我們真誠的努力促進了人人都能夠和平共處的世界。

和我愛的人修補關係，還有我自己

作者	瑞克・韓森 Rick Hanson, PhD
譯者	何玉方
商周集團執行長	郭奕伶
商業周刊出版部	
總監	林雲
責任編輯	黃郡怡
封面設計	林芷伊
內文排版	洪玉玲
出版發行	城邦文化事業股份有限公司 商業周刊
地址	104 台北市中山區民生東路二段 141 號 4 樓 電話：(02)2505-6789　傳真：(02)2503-6399
讀者服務專線	(02)2510-8888
商周集團網站服務信箱	mailbox@bwnet.com.tw
劃撥帳號	50003033
戶名	英屬蓋曼群島商家庭傳媒股份有限公司城邦分公司
網站	www.businessweekly.com.tw
香港發行所	城邦（香港）出版集團有限公司 香港灣仔駱克道 193 號東超商業中心 1 樓 電話：(852) 2508-6231　傳真：(852) 2578-9337 E-mail：hkcite@biznetvigator.com
製版印刷	科樂印刷事業股份有限公司
總經銷	聯合發行股份有限公司 電話：(02) 2917-8022
初版 1 刷	2023 年 9 月
定價	380 元
ISBN	978-626-7366-15-8（平裝）
EISBN	9786267366172（EPUB）／ 9786267366165（PDF）

MAKING GREAT RELATIONSHIPS: Simple Practices for Solving Conflicts, Building Cooperation, and Fostering Love

國家圖書館出版品預行編目(CIP)資料

和我愛的人修補關係，還有我自己/瑞克．韓森(Rick Hanson)著；何玉方譯. -- 初版. -- 臺北市：城邦文化事業股份有限公司商業周刊, 2023.9
272面；14.8×21公分
譯自：Making great relationships : simple practices for solving conflicts, building connection, and fostering love
ISBN 978-626-7366-15-8(平裝)

1.CST: 人際關係 2.CST: 自我實現

177.3 112013637

生命樹

Health is the greatest gift, contentment the greatest wealth.
~Gautama Buddha

健康是最大的利益，知足是最好的財富。 ——佛陀